北京市教育委员会科研计划项目“体育社会组织发展的制度框架与路径选择”（编号：SM201910038001）

体育社会组织治理

杨 华 著

北京体育大学出版社

策划编辑： 王英峰
责任编辑： 王英峰
责任校对： 左　颖
版式设计： 久书鑫

图书在版编目（CIP）数据

体育社会组织治理 / 杨华著. -- 北京 ： 北京体育大学出版社，2024.2

ISBN 978-7-5644-3981-1

Ⅰ. ①体… Ⅱ. ①杨… Ⅲ. ①体育组织－组织管理－研究－中国 Ⅳ. ①G812.1

中国国家版本馆 CIP 数据核字(2024)第 001943 号

体育社会组织治理　　　　**杨　华　著**

TIYU SHEHUI ZUZHI ZHILI

出版发行： 北京体育大学出版社
地　　址： 北京市海淀区农大南路 1 号院 2 号楼 2 层办公 B-212
邮　　编： 100084
网　　址： http://cbs.bsu.edu.cn
发 行 部： 010-62989320
邮 购 部： 北京体育大学出版社读者服务部 010-62989432
印　　刷： 三河市龙大印装有限公司
开　　本： 710mm×1000mm　1/16
成品尺寸： 170mm×240mm
印　　张： 13.5
字　　数： 165 千字
版　　次： 2024 年 2 月第 1 版
印　　次： 2024 年 2 月第 1 次印刷
定　　价： 98.00 元

前言

进入21世纪，随着国家治理体系和治理能力现代化的纵深推进，体育社会组织的治理转型及其在社会变迁中所扮演的角色成为学界和政府行政部门高度关注的问题。基于政府主导的治理转型，多数研究从制度环境视角构建体育社会组织发展的制度框架和不同层级制度逻辑，形成了规范的、以制度为视角的研究范式，因为在国家主导的社会治理转型进程中，对社会组织的制度性约束条件、激励机制和机会结构的掌控，直接影响其发展趋势与治理效果。根据这一逻辑，破局的前提条件就是修正相关的束缚性体制机制，建立促进发展的新型政策框架，但此逻辑在实践层面受到了强有力的挑战。

党的十七大以来，党和国家高瞻远瞩，加强顶层设计，不断释放积极发展社会组织的政策信号，社会组织发展所需的制度框架不断完善，但体育社会组织的发展仍然面临很多问题。这表明，社会组织背后的机制仍然在阻碍体育社会组织治理转型与发展。大量以制度为核心的文本分析研究范式揭示了制度作用于体育社会组织治理的机制，研究默认了中央政府宏观政策文本完整地被各级地方政府严格遵照执行这一前提条件。整体主义和结构决定论决定了对中国社会组织制度环境的解读，普遍忽略了政府在政策执行中的模糊性与选择性执行现象，而这一前提条件逐渐开始受到学界的关注，研究者开始注意到各级地方政府在体育社会组织治理宏观政策执行中的碎片化现象，以及普遍的策略性选择执行逻辑。因此，本研究更加关注不同政府层级、不同属性的政策执行者在体育社会组织治理实践中的策略选择，以及这些策略选择相互作用时形成的激励机制、约束条件与机会结构。基于此，本研究试图建立体育社会组织治理的“政府行为—策略选择—路径优化”的分析框架，力求对背后阻碍体育社会组织治理的机制进行解读与呈现。

作者

2023年11月10日

目录

第一章
中间社会的发展与社会治理新格局

改革开放以来，中国社会发生了巨大的变化。一个不可忽视的视角就是国家与社会关系的变化，即从全能型国家和总体性管控社会向多元治理主体的共建模式转变。一方面，作为社会整合和社会秩序形成的重要机制，其单位体制难以适应社会变迁的需要，导致了传统社会秩序的紊乱[①]；政府简政放权，社会空间得到了空前拓展。另一方面，市场经济的发展，个体工商业者、自由择业者的大量涌现，社会原子化现象的呈现，使社会再组织的需求成为必然。因此，单位管理体制已不能适应社会的发展变化[②]，国家权力自上而下的威权管理体制也难以适应社会变迁的需要。社会团体、协会、公益组织、民办非企业单位成为新的社会增长点，社会活力逐步增强。在这样的大背景下，中国社会正在努力构建一个由党委领导、政府负责、社会协同、公众参与、法治保障的社会治理新格局，形成多元主体共建共治共享的和谐社会生态。

单位体制是中华人民共和国成立后形成的一种特色体制，对于社会整合和秩序形成发挥了巨大的作用。单位组织发挥着联结国家和个

① 崔月琴. 转型中的社会组织[M]. 北京：中国社会科学出版社，2020.

② 娄玉花，王树娟. 关于深化我国事业单位管理体制改革的思考[J]. 中国管理信息化，2009，16：60 – 62.

人的纽带作用，并实现了对社会的有效管理。因此，在单位体制变迁的社会转型中，考察社会重构，是一个极具理论与现实意义的命题。针对在社会变迁中如何重构社会秩序、如何加强社会团结、如何联结国家与个人等问题，古典社会学家提出了中间社会构建。

20 世纪 80 年代以来，中国社会结构的变迁为自上而下的中间社会崛起提供了现实依据。在“国家—单位—个人”的纵向管理体制中，位于中间层面的单位扮演着极其重要的中间社会角色，承载着政党、国家、社会等多重功能，但社会需求自主联结的中间社会还没有形成。改革开放以来，单位体制作为一种社会运行方式与运行机制逐步走向解体，完成了它的时代使命①，中间社会随着这种结构性的变革获得了发展的空间。社会力量与社会的自主空间逐步得到拓展。

中间社会包括基层自组织、社会团体、公益组织等，这些中间社会组织都是解决社会问题重要的组织力量，但我们应该认识到，这些组织只有在正确的指导下运行，才能充分发挥促进社会和谐发展、推动社会进步的作用。因此，对中间社会的引导和管理是和谐社会建设的重中之重。

第一节　体育社会组织治理转型及其现状

《体育强国建设纲要》提出，“到 2035 年，形成政府主导有力、社会规范有序、市场充满活力、人民积极参与、社会组织健康发展、公

① 崔月琴. 转型中的社会组织[M]. 北京：中国社会科学出版社，2020.

共服务完善、与基本实现现代化相适应的体育发展新格局，体育治理体系和治理能力实现现代化”①。这一战略目标的实现与体育社会组织治理紧密相连。体育社会组织作为新时代我国体育治理体系的主体之一，在推进社会力量办体育、实现体育强国目标、推动全民健身群众体育活动的开展、承接公共体育服务（有研究也称体育公共服务）等方面扮演着极其重要的角色。因此，《体育强国建设纲要》提出，稳步推进各级运动项目协会与行政机关脱钩等改革，推进协会依法依规独立运行，探索建立完善权责明确、运转协调、制衡有效的法人治理结构，按照章程加强协会内部管理，依法依规开展体育活动②。

21世纪以来，我国各类体育社会组织数量得到了普遍增长，2012—2017年，民政机关登记的体育社会组织从2.3万个增长至4.8万个③，但是体育社会组织能力不足的问题依然突出，“三无”组织大量存在④。事实上，体育行政部门会同民政部门在不同时期采取了多种措施来加强体育社会组织能力建设，但是效果有限。以国家级协会实体化改革为例，虽然《国家体委关于深化体育改革的意见》明确指出，使运动项目协会成为责权利相统一、全面负责本项目管理的实体，但是协会与运动项目管理中心“同构”“一套班子，两块牌子”，虽然各运动项目管理中心并非国家行政机构，但是其事业单位性质使其所行使的职能、所处

① 国务院办公厅. 国务院办公厅关于印发体育强国建设纲要的通知[EB/OL]. [2021－07－01]. http://www.gov.cn/ zhengce/content/2019－09/02/content_5426485.htm.

② 同①。

③ 韩慧，郑家鲲. 新中国成立70周年我国体育社会组织发展：历程回顾、现实审思与未来走向[J]. 体育科学，2019，39（5）：3－12.

④ 戴健，张盛，唐炎，等. 治理语境下公共体育服务制度创新的价值导向与路径选择[J]. 体育科学，2015，35（11）：3－12.

地位、所掌控的资源远超作为社会组织的协会，导致协会被完全“架空”[①]，这严重偏离了协会实体化改革的初衷，也影响了协会自身能力的提高。即使是逐渐盛行的公共体育服务购买，草根体育社会组织也很难得到政府购买服务的机会。这些都表明，若想提高体育社会组织的能力，政府必须改变体育社会组织的治理方式，实施更加精准的治理策略。

一、体育社会组织进入“治理”时代

实现国家治理体系和治理能力现代化，中国由“管理”进入“治理”时代。“管理”与“治理”一字之差，但含义截然不同。治理注重“多元主体”，尤其是政府与社会共同参与公共事务和社会治理；治理注重“协作”，是国家、社会多元主体围绕公共事务和社会治理协同合作；治理注重“过程”，强调国家与社会不同主体参与公共事务和社会治理的动态发展与变化。相对于管理的固有弊端，治理更加注重沟通、对话、民主、协商、人本。中央政府针对社会组织治理进行了一系列重大调整与创新。

党的十八届三中全会审议通过的《中共中央关于全面深化改革若干重大问题的决定》提出“创新社会治理体制”，确立了社会组织在国家治理体系中的重要主体地位。党的十八届四中全会进一步提出了“善治”的概念。党的十九大提出了打造共建共治共享的社会治理格局。党的十九届四中全会通过的《中共中央关于坚持和完善中国特色社会主义制度 推进国家治理体系和治理能力现代化若干重大问题的决定》

① 何强. 转变体育发展方式进程中的项目协会改革[J]. 北京体育大学学报，2015，38（1）：15－24.

又提出创新公共服务提供方式，鼓励支持社会力量兴办公益事业，满足人民多层次多样化需求，使改革发展成果更多更公平惠及全体人民。这为各方主体“协同”参与体育治理提供了依据。由此可以看出，社会组织治理已成为党和国家关注的重大问题，已经被列为国家发展战略和社会治理创新的重要课题。

二、体育社会组织“自治”是大势所趋

“依法自治”是创新我国社会组织治理的目标，是真正实现我国社会组织治理的重中之重。党的十八大报告提出，加快形成政社分开、权责明确、依法自治的现代社会组织体制，加快形成源头治理、动态管理、应急处置相结合的社会管理机制。党的十九届三中全会通过的《中共中央关于深化党和国家机构改革的决定》提出，加快实施政社分开，激发社会组织活力，克服社会组织行政化倾向。我国体育事业发展长期规划更是提出了创新体育社会组织管理，激发体育社会组织活力，加快实现“政社分开、管办分离、责权明确、依法自治”。体育社会组织依法自治是全球化的潮流，更是实现体育强国的基础和前提。体育强国的基础在于大众体育，体育社会组织代表人民利益，因此，如何实现体育社会组织的依法自治，构建公平公正自由的体育社会组织治理环境，使其真正代表人民的利益，实现体育强国的目标是摆在我们面前的重要课题。

三、政府行为视角下的体育社会组织治理

当前，我国体育社会组织治理的困境主要表现为：运作资源供给不足，专业化水平有待提高，专业人才有待补充等现实性障碍；政社

关系有待调整，内部治理结构有待完善，相关法规建设不完善，培育发展和监督管理的具体政策落地不够[①]；社会责任有待增强，组织价值与组织目标异化，组织服务理念不强等意识性壁垒。上述治理困境实际上是种种表象，那么隐藏在背后的机制是什么？基于体育社会组织治理的诉求，当前我国体育社会组织要实现独立发展而不受制于行政机构，要自由行使权力而不受制于政府权力，要成为独立法人实体而不仅仅是政府的行政末梢，要实现政社分开而不能政社不分。然而，目前我国体育社会组织治理并没有按照社会诉求的方向发展，体育社会组织依然受到政府制约；体育社会组织强调行使自主权力，却依然受制于行政权力；体育社会组织需要成为独立法人实体，却依然附属于政府行政机构；体育社会组织想要政社分开，却没有实现真正的政社分开。上述问题的根本指向了国家与社会视角下体育社会组织与体育行政机构的关系。

第二节　体育社会组织治理的“悖论”

进入 21 世纪，随着国家治理体系和治理能力现代化的纵深推进，体育社会组织的治理转型及其在社会变迁中所扮演的角色成为学界和政府行政部门高度关注的问题。社会组织是社会治理的重要力量，体育社会组织是多元体育治理结构中的重要一环[②]，体育治理体系和治理

① 裴立新. 新时代中国体育社会组织发展研究[J]. 体育文化导刊，2019（3）：17－22.

② 唐刚，彭英. 多元主体参与公共体育服务治理的协同机制研究[J]. 体育科学，2016，36（3）：10－24.

能力现代化使体育社会组织治理备受关注。在学术层面，基于政府主导的治理转型，多数研究从制度环境视角呈现体育社会组织治理的深层制度逻辑，形成以制度为核心的研究范式①。因为在国家主导的社会治理转型进程中，对社会组织的制度性约束条件、激励机制和机会结构的掌控，是从总体上把握其发展方向的关键。研究多聚焦于 20 世纪 90 年代以来以“限制发展”为主要特征的双重管理体制，认为这套体制非显著地设置了组织登记与注册，以及资源供给等方面的诸多约束性机制②，这是体育社会组织政府依赖式发展、独立自主性欠缺、专业能力较低、公共性缺失、工具主义发展逻辑、“市场失灵、政策失效”的根源所在③。根据这一逻辑，破局的前提条件就是修正相关的束缚性体制机制，建立促进发展的激励机制，构建体育社会组织发展的新型政策框架。这种逻辑缜密、思路清晰的线性因果分析得到了学界的广泛认同，而且在公共政策制定中发挥了较大作用并逐渐占有重要话语权，直接影响了中央和地方政府的社会组织治理制度变革。

然而，上述理论逻辑在实践层面受到了强有力的挑战。从近几年我国社会组织治理的实践经验来看，党的十七大以来，中央政府根据顶层设计不断向地方政府释放大力发展社会组织的政策信号：“要健全党委领导、政府负责、社会协同、公众参与的社会管理格局，健全基

① 黄晓春. 当代中国社会组织的制度环境与发展[J]. 中国社会科学，2015（9）：146－164，206－207.

② MA Q S. The governance of NGOs in China since 1978：how much autonomy?[J]. Nonprofit and voluntary sector quarterly，2002（3）：305－328.

③ 周生旺，张翠梅，孙庆祝. 体育社会组织的复杂性治理模式与路径选择[J]. 天津体育学院学报，2017，32（2）：169－175.

层社会管理体制。”[①]党的十八大报告中提出：“加快形成政社分开、权责明确、依法自治的现代社会组织体制。”党的十八届三中全会通过的《中共中央关于全面深化改革若干重大问题的决定》提出，“激发社会组织活力。正确处理政府和社会关系，加快实施政社分开，推进社会组织明确权责、依法自治、发挥作用”，将发展社会组织纳入社会治理创新的重要范畴。党的十九大报告中提出，“加强社会治理制度建设，完善党委领导、政府负责、社会协同、公众参与、法治保障的社会治理体制，提高社会治理社会化、法治化、智能化、专业化水平”，改进社会治理方式，激发社会组织活力，实现共建共治共享的社会治理格局。党的纲领性文件持续出台，社会组织治理宏观政策已然形成。除此之外，为响应中央政府号召，各级政府也在结合地方实际加快治理制度创新步伐。北京、上海等地自 2005 年以来就尝试使用宽松的“备案”制度，以解决部分服务于基层社区的社会组织行政合法性问题，并尝试实施“公益招投标”制度，购买社会组织服务。4 类社会组织直接登记，下放行政审批权至县级及以上民政部门，提升登记服务水平等政策相继出台，理论需要的制度框架已经构建，但体育社会组织的发展仍然面临着规模偏小、治理结构不完善、组织能力不足等问题[②]。这表明，背后的机制仍然在阻碍体育社会组织治理的转型与发展。

在学理层面，大量从制度角度出发的文本分析研究范式揭示了制度作用于体育社会组织治理的机制。研究默认了中央政府宏观政策文本完整地被各级地方政府严格遵照执行这一前提条件，整体主义和结

① 胡锦涛. 高举中国特色社会主义伟大旗帜　为夺取全面建设小康社会新胜利而奋斗——在中国共产党第十七次全国代表大会上的报告[M]. 北京：人民出版社，2009.

② 刘国永，裴立新. 中国体育社会组织发展报告. 2016[M]. 北京：社会科学文献出版社，2016.

构决定论决定了对中国社会组织制度环境的解读，普遍忽略了政府在政策执行中的模糊性与选择性执行现象[①]。通过持续的实证研究，研究者已对这一前提条件提出疑问，开始注意到社会组织治理宏观政策在执行中的碎片化现象[②]，以及地方政府普遍的选择性执行逻辑[③]。因此，文本分析显然不能呈现体育社会组织治理的复杂机制。既有研究启发我们选择一种更为综合、全面、多层次的理论分析视角，整体性地考虑中央政府宏观政策的愿景目标、总体特征，地方政府的政策执行面临的制度障碍、策略选择等，从纵深角度全面地解析其对当代中国社会组织发展的复杂影响机制。实践是检验真理的唯一标准，学界现有的关于体育社会组织制度的文本分析与政策实践研究是分开的，缺乏体育社会组织治理机制分析的纵深视角。

近年来，一些社会学研究将组织结构性要素、治理行动者，以及不同层级之间关系的机制进行通盘考虑，并借鉴中国政府行为研究的成果，从激励模式、风险控制、上下级政府间控制权行使等理论视角出发，从繁杂的制度文本中解析出影响地方政府政策执行的中观机制，也就是将制度文本分析与政策实践研究有效连接，形成一种全景式的社会组织治理解读。

本研究更加关注不同政府层级、不同属性的政策执行者在体育社会组织治理实践中的策略选择，以及这些策略选择相互作用形成的激

---

① 敬乂嘉. 社会服务中的公共非营利合作关系研究：一个基于地方改革实践的分析[J]. 公共行政评论，2011，4（5）：5－25.

② 黄晓春，嵇欣. 非协同治理与策略性应对：社会组织自主性研究的一个理论框架[J]. 社会学研究，2014，29（6）：98－123.

③ 同①。

励机制、约束条件与机会结构。基于此，本研究试图建立体育社会组织治理的“政府行为—策略选择—路径优化”的分析框架，力求对背后阻碍体育社会组织治理的机制进行解读与呈现。

第三节　体育社会组织治理转型的意义

一、构建以人为本的体育治理模式

在 2018 年召开的第十三届全国人民代表大会第一次会议上，习近平总书记强调：“人民是历史的创造者，人民是真正的英雄。”[①]理论与实践均表明，体育社会组织治理就其宗旨来说就是以人为本的治理，具体来讲就是体育社会组织治理首先要考虑公众的切身利益，而不是以市场为本的治理，更不是以政治为本的治理，这是确立合理的体育社会组织治理模式的前提。基于此，通过对体育社会组织治理系统、全面、深入的研究，可探寻体育社会组织的内在价值及治理逻辑，为新时代体育治理体系和治理能力现代化提供支撑，有利于构建以人为本的体育治理模式。

二、助力体育强国目标的实现

我国体育发展的目标是到 2050 年，全面建成社会主义现代化体育强国。建设体育强国是实现中华民族伟大复兴具有战略意义的发展目

① 习近平. 习近平谈治国理政：第三卷[M]. 北京：外文出版社，2020.

标。体育社会组织治理作为体育强国实践的应有部分，治理水平与能力直接影响着我国体育强国目标的实现，影响着公共体育服务与产品的供给水平。体育社会组织在反映大众体育诉求方面具有独特的功能和优势，能够在加快群众体育发展、推进公共体育设施建设、促进公共体育服务制度创新和提高大众健康福祉等方面发挥不可替代的作用。可以说，2035 年社会主义现代化远景目标的实现需要体育强国目标的实现，体育强国目标的实现需要体育社会组织治理现代化目标的实现。

三、促进政府体育管理职能的创新

基于应对公共服务与产品供给的“政府失灵”和“市场失灵”，治理理念被社会各界普遍关注。在此基础上，“善治”成为政府社会服务管理创新的目标。在社会治理实践中，“协同治理”被看作政府社会治理最为理想的模式，从提供公共体育服务到供给公共体育产品，从制定公共体育政策到反映公民体育诉求，从多元治理主体到强化政府的执政能力，体育社会组织作为体育协同治理的主体之一，应借助自身优势与地位发挥治理作用。体育社会组织治理是实现治理与服务功能的基本前提，也是新时代政府管理创新的必然选择。因此，体育社会组织治理转型有助于促进政府体育管理职能的创新。

第二章
体育社会组织治理转型的理论基础

本体论是探究世界的本原或基质的哲学理论。对于体育社会组织治理问题需要借助体育学科之外的多学科理论与研究方法进行理性分析。因此，本章借助治理理论体系对体育社会组织进行研究，探究政府行为理论如何应用于体育社会组织的技术理性治理，探讨多学科理论基础下的体育社会组织治理本质。

第一节　治理理论

一、治理理论的兴起

治理理论是源于欧美国家的一种社会科学理论或管理方式。治理理论的兴起绝非偶然，它是西方世界“政府失灵”“市场失灵”和“公民社会”的发展、“全球化合作”与“区域化合作”等现象共同作用下孕育生发的特定产物，并在“地方治理”“公司治理”“公共治理”过程中不断演化和完善。治理理论也因其在处理现代社会“管理危机”中的普适性和实用性，逐渐成为国内外学者研究的热点，对社会治理转型给予实践指导。党的十八届三中全会提出全面深化改革，更是将“治理”

确立为党新的执政理念，坚定不移走中国特色社会主义社会治理之路，善于把党的领导和我国社会主义制度优势转化为社会治理优势①，以及积极主动创新中国特色社会主义的理论，深刻总结中国特色社会主义的实践经验。治理理论的核心理念体现在如下几方面。

首先，强调治理主体的多元化。治理理论强调被公众认可的政府组织及合法的社会组织都可以成为不同层面上的管理公共事务的权力中心，注重社会治理过程中多方权力主体共同参与，积极吸纳市场力量参与社会事务。

其次，治理理论强调政社之间的互动协作。治理理论不认可全能型政府，摒弃政府对公共事务大包大揽、权力垄断的刚性做法，强调各参与主体在公共事务治理中积极开展对话协商来建立合作伙伴关系，执行统一目标，共同承担相应的责任风险。治理理论注重“自下而上”形成的社会组织参与协作与“自上而下”的政府科层管理相结合。

最后，治理理论强调以人为本，强调政府的所有活动服务于全体民众。治理理论强调以人为本，将人的发展作为治理的根本。政府从管理者的角色向服务者的角色转变，保护和尊重每一位公民的权利。因此，治理并不是一套制度或者一种活动安排，而是一个过程；治理并不是以支配为基础，而是以调和为根基；治理并非政府的单一权威主宰，而是公私部门的联合行动。

二、体育社会组织管理与体育社会组织治理的区别

体育社会组织管理是组织管理者为有效实现组织目标，在相应的

---

① 习近平. 习近平谈治国理政：第二卷[M]. 北京：外文出版社，2017.

环境条件下，对其可支配的资源通过计划、组织、指挥、协调和控制等手段进行的配置与优化重组活动；体育社会组织治理是多元相关利益主体间通过协调对话建立合作关系，实现组织目标的行动过程。二者有显著的不同，主要表现在以下方面。

（一）主体不同

体育社会组织管理的主体是一元的，即政府，表现为“国家机器”的一元主导；体育社会组织治理的主体是多元的，表现为国家、社会、公众的多元共治，即政府、体育社会组织、大众媒体、公民，以及企业等各种利益相关主体均可以参与其中。可见，体育社会组织治理是多元主体之间协调、互动，各方力量相互协作的过程。

（二）结构不同

体育社会组织管理的结构是一种以政府为单一主体且政府具有绝对主导地位的垂直的科层管理结构；体育社会组织治理表现为一种互动与协商的网络结构，是一种分散化的治理结构，具有“非中心化”的特性。在这种治理结构中，非营利组织、政府、大众媒体，以及全体公民等多元治理主体以平等的身份共同参与，加强以共同的治理目标为基础的沟通与协作，构建网络化的治理结构。

（三）权力来源不同

体育社会组织管理的实现途径是管理层通过主观化与经验式的决策方式和手段实现管理目标，体育社会组织治理的实现途径是通过决策机制化与法治化的运作逻辑实现治理目标。简单地说，管理权由权力机关赋予政府，治理权则由全体公民直接行使，这种公民直接行使权力的理念与权力运作关系，使公民个人、体育社会组织通过自我管理的方式实现公共体育的良性治理。

（四）机制不同

体育社会组织管理传统上通过一种自上而下的、单向的、强制的管理机制来实现。体育社会组织治理使政府与体育社会组织成为平等的、双向的互动关系，两者之间形成一种合作治理机制；体育社会组织治理体现的是体育社会组织与政府之间、体育社会组织与企业之间、体育社会组织与社会组织之间的平等协商机制，改变传统的刚性管理机制，建立以共赢、合作、参与为基本特征的柔性机制。

（五）目标不同

体育社会组织管理的目标是单一的预期目标的实现，而体育社会组织治理的目标是多元利益主体共赢，并且降低组织的管理成本，提高组织的效益，以人为本，最终实现体育社会组织的善治，实现各治理主体积极参与协商，共享治理成果，为惠及民生而服务。

三、治理视域下的体育社会组织改革与发展

治理理论作为社会治理的新型分析工具，对于我国社会转型期体育社会组织的改革与发展有着重要的理论指导意义。治理理论的核心理念与价值在于改变过去的“以政府为中心”的理念，消解原有的强制性的行政科层控制，强调通过一系列的制度安排，使不同利益主体联合行动、协商对话、共同参与、平等协作，以互动、协商及谈判的

方式共同参与社会事务，实现各方的共赢。基于此，治理理论有助于新时代公共权力作用于体育社会组织制度框架的基本构建。

作为指导各国公共管理实践的工具，治理理论打破了计划与市场、公共部门与私人部门、政治国家与公民社会等传统的两分法思维方式，转而强调两者的合作共赢，并主张在政府、社会和公民之间构建起平等、协商、互动的合作伙伴关系①。究竟是什么使治理理论备受学界乃至公共管理实践的普遍关注呢？原因就在于治理理论试图改变过去“国家与社会”相互对立的分析方式，从而实现政治国家与公民社会之间的合作、政府与非政府组织之间的合作、政府公共部门与社会私人部门之间的合作、强制执行与自愿参与之间的合作治理机制，来弥补社会治理中的“政府失灵”和“市场失灵”，实现以共建共治共享为特征的“善治”。毫无疑问，治理理论普遍适用于公共管理领域，它是否同样在体育社会组织治理实践中发挥重要作用，是否对重构政府与体育社会组织合作关系具有借鉴意义和指导价值，是本节中我们需要思考的命题。

体育社会组织作为体育治理主体之一，不应受到严格管控，而应按照社会组织的本质特征参与公共体育服务与公共体育产品供给，以实现体育社会组织的治理，改变长期以来体育社会组织附属于政府机构的情况，使体育社会组织的运作逻辑符合自身发展的需要，掌控参与公共体育服务与公共体育产品供给的自主权。回顾过往，计划经济体制下由于体育社会组织特殊的生成机制，为获取资源，其与政府的联系极为紧密。为有效应对体育社会组织的发展，体育社会组织的负

① 俞可平. 治理和善治引论[J]. 马克思主义与现实，1999（5）：37-41.

责人多由政府官员兼任，所有的组织行为仅对政府主管机构负责，对组织成员的诉求和呼声关注不够，与其他社会力量的联系可有可无，处于封闭的行政系统之中。全球结社革命出现以来，公民社会的理念深入人心，呼吁政府对社会组织放权的呼声日益高涨，社会组织参与治理并作为治理主体之一，使社会组织管理权向度发生了彻底的变革。改革开放以来，伴随着社会主义市场经济体制的确立，我国公共体育服务与产品供给格局发生了改变，原有的“以政府为中心”的单一格局转变成“政府—市场（社会）—体育社会组织”的多重关系格局，三者相互作用、相互影响，地位也发生了相应的变化：政府由过去具有绝对地位的“家长”转变成公共体育服务的总体调控者；市场（社会）由过去毫无机会的“旁观者”转变成共同参与者；体育社会组织由过去政府分支机构的“附庸者”转变成现实的独立实体，实现了政社分开，自主开展公共体育活动，提供公共体育产品。

治理理论彻底颠覆了单一中心的政府权威，彻底改变了处处依赖于政府的体育社会组织成长路径。根据治理理论，政府体育行政部门应该转变观念，放弃针对体育社会组织控制与治理的权力垄断，将体育社会组织视为治理主体之一，承担起维护体育秩序、协调体育发展、调节体育结构和提供公共体育服务与产品的职责。从学理角度出发，治理理论提倡构建新型的政府与体育社会组织的合作关系，构建多元主体共同参与的体育治理格局。在“政府—市场（社会）—体育社会组织”三者之间搭建互动网络，三者各司其职、共同负责、和谐共存，才能实现公共体育服务的新常态，在这样的互动过程中形成体育社会组织发展的新格局。

四、我国体育社会组织功能与成长条件的关联图谱

在保持理论自觉的前提下，本研究试图寻求体育社会组织在发挥社会治理与公共服务两大功能时的成长条件与制度配置。

（一）体育社会组织治理主体功能的实现条件

毫无争议，体育社会组织是多元体育治理结构中的重要一环①，这样的经典论述频繁出现在学界与公共体育政策的制度文本中，是政社合作治理创新的理论根基。相比较而言，研究者忽略了体育社会组织治理功能背后的诸多支撑条件，如亚力克西斯·德·托克维尔（Alexis de Tocqueville）认为美国结社的首要社会条件为“民情”，罗伯特·N. 贝拉（Robert N. Bellah）提出实现地方自治传统的“公民成员资格”，罗伯特·D. 帕特南（Robert D. Putnam）提出社会资本是形成社会治理的重要条件。当前国内尤其是体育治理领域鲜有研究涉及此类复杂的社会与制度条件，导致大量支持体育社会组织发展的形式制度出现，但政策效果甚微。本研究将从上述经典论述中识别出社会组织作为体育多元治理主体之一的支撑条件与制度要素。

首先是个体与集体公共体育生活之间的公共性。公共性的生产与体育社会组织的发展相互联系，公共性既是体育社会组织的本质内涵，又是其发展的根本动力；既是体育社会组织作为主体之一的理念指引，又是其发展的支撑条件之一，还是体育治理的约束条件之一。公共性是公共体育服务的根本属性，是贯穿公共体育服务的一条主线，体育

---

① 唐刚，彭英. 多元主体参与公共体育服务治理的协同机制研究[J]. 体育科学，2016，36（3）：10－24.

社会组织向广大社会成员提供满足公共性价值标准的公共体育需求。它既是公共体育服务的出发点也是其归宿，在理解公共体育服务时必须始终以公共性为基础，而在公共体育服务的实践中也必须以公共性为指导①。公共性的生产在实现社会协同与公众参与方面发挥着重要作用②。公共体育服务与治理领域公共性的生产过程是指个体、公共组织就社会共同关注的问题，依照公开、开放和公平的程序，基于理性精神参与公共体育活动，实现私人向公众的转化，在特定空间范围内维护公共体育利益与公共体育价值取向的过程③。

其次是体育社会组织的培育与发展紧密嵌入制度化的社区治理网络。公共精神、体育社会组织的培育与发展正是因为嵌入社区自治与公众利益诉求表达机制之中，实现了提升体育治理水平的目标。体育社会组织如果在公共体育产品配置等重点治理领域始终游离于治理网络的边缘，治理主体的功能与作用将很难发挥。因此，将体育社会组织的培育与发展嵌入多元治理网络的制度安排，国家需保留适度的制度空间，使体育社会组织发挥整合治理的功能。

公共性的生产与制度化嵌入社区治理网络实现体育社会组织治理功能的过程，相互联系并相互支持。公共性的生产强调体育社会组织的培育与发展以公共价值为导向，是组织形成的原生动力；制度化嵌入社区治理网络强调体育社会组织有效进入社区治理网络并参与公共体育决策，促进公共性的进一步生产。上述体育社会组织实现治理功能主要依赖于中观层次的制度要素配置：① 进行体育社会组织的发

---

① 汤际澜，徐坚. 公共体育服务的公共性研究[J]. 天津体育学院学报，2010，25（6）：510－514.

② 李友梅，肖瑛，黄晓春. 当代中国社会建设的公共性困境及其超越[J]. 中国社会科学，2012（4）：125－139，207.

③ 沈建华. 上海市体育公共服务的需求[J]. 体育科研，2008（2）：37－41.

展与公共体育资源配置密切相关的制度设计，这样体育社会组织才能真正嵌入体育治理网络，在治理实践中产生原生动力。② 建立体育社会组织代表公众利益表达机制。体育社会组织代表社会成员表达体育多元利益诉求，推动体育权利均等与自由发展。③ 建立自下而上的公众监督与公众参与评价制度，实现公共体育政策优化的制度设计。

（二）体育社会组织服务主体功能的实现条件

新公共管理理论、交易成本理论十分重视市场在公共服务供给中的调节作用。后来的新公共服务理论、社会选择理论更加重视社会机制在公共服务供给中的作用，从多个维度强调社会组织在公共服务领域的独特优势。基于上述理论视角，“发展社会组织，优化公共服务体系”得到了学术界和公共服务实践者的广泛认同。

社会组织孕育于“社会”土壤，追求“社会”价值，因此比市场更加关注公共福利，更加关注公共价值理性，但是，体育社会组织在公共服务领域的优势仅基于抽象的社会想象，并没有进行组织学理论探索。由于“政府失灵”与“市场失灵”，公共体育产品的提供需要体育社会组织的功能补充；体育消费者与营利组织之间的信息不对称导致的“合约失灵”，使体育社会组织特有的“非分配约束”成为公众的重要选择；多元化的体育需求促进了体育社会组织市场的发展。体育社会组织具备上述优势的同时，同样存在“市场失灵、政策失效”的问题[①]。因此，我们应基于组织学理论揭示体育社会组织发展的隐含条件，超越宏观思维，从中观维度探讨其提供公共体育服务的比较优势及制度根源。

① 周生旺，张翠梅，孙庆祝. 体育社会组织的复杂性治理模式与路径选择[J]. 天津体育学院学报，2017，32（2）：169－175.

基于新公共管理理论，体育社会组织功能的实现需要具备以下条件。

第一，有序竞争的公共体育服务市场体系。新公共管理理论倡导在政府、私人部门、社会机构之间适度引入竞争机制，用市场的力量改善“政府失灵”，提高公共体育服务的质量与效率。因此，体育社会组织提供公共服务的比较优势是建立在强调有序市场竞争的激励机制的基础上的，在公共体育服务外包领域强制执行竞争性投标制度也就显得尤为重要。另外，完善公共体育服务外包市场契约，取代原有的资助与报销制度；公共体育服务外包对市场与社会组织同时开放，形成一个有序竞争的公共体育服务市场体系。如果购买公共体育服务的制度不完善，不论是部门主义还是属地主义都会导致公共体育服务竞争市场的分割，无法形成有序竞争的市场体系。为保证体育社会组织对市场竞争的稳定预期，要鼓励其提高专业服务能力并长期投入体育资源。购买公共体育服务战略长期缺位，就会影响体育社会组织的成长。

第二，协同的“整体治理”结构。服务外包之前，可由政府发布行政指令，对公共体育服务格局进行优化、调整与变通；但在服务外包之后，由于购买公共体育服务涉及体育、财政、人社、民政、税务等多个职能部门，在各政府机构职责尚不够明确的背景下，依靠体育职能部门统筹和协调各横向政府部门存在很大难度。各部门间事权与财权需要明确划分；沟通不畅，“缺位”和“越位”现象严重，影响了政府购买公共体育服务的效率和水平[①]。为解决公共体育服务中的“碎

① 夏贵霞，马蕊，王华倬. 政府购买青少年课外体育服务的地方实践与制度创新[J]. 北京体育大学学报，2016，39（2）：84－91.

片化”问题，可根据整体性治理理论，超越传统的公共行政逻辑，提升公共部门内部的协调性，建立弹性、扁平化、无缝衔接的“后官僚制行政模式”[①]。公共体育服务改革下的整体性治理理论更加强调服务外包后跨部门、跨领域的协调体系建设，修正传统的公共体育服务“碎片化”采购模式，注重整体的预算与评估[②]。

第三，公民导向回应体育社会组织的有效性。新公共管理理论强调市场效率，主张政府在公共体育行政中的作用是“掌舵”而不是“划桨”。场域内利益相关者的要求与认同构成了组织功能实现的前提，但在购买实践中，究竟谁是公共体育服务的需求者这一问题往往被忽略，导致外包的公共体育服务与公众的实际体育需求脱节。这种过于关注市场效率而忽略公众实际体育需求的政策导向损害了公共体育利益，无法体现公共性，体育社会组织的合法性和存在的合理性受到质疑。罗伯特·B. 登哈特和珍妮特·V. 登哈特（Robert B. Denhardt，Janet V. Denhardt）提出的新公共服务理论强调，公共机构需加强公民导向，更加重视公民属性及其对权威的分享；促进“公民第一”的社区建设，公共部门应对公众的多元体育需求做出积极回应，更加重视政府与体育社会组织之间的合作。

在公共体育服务实践中，上述条件的实现具体化为中观层面的制度配置：构建透明的服务信息发布机制、统一的公共体育服务购买平

① 胡佳. 迈向整体性治理：政府改革的整体性策略及在中国的适用性[J]. 南京社会科学，2010（5）：46–51.

② LEAT D，STOKER G. Towards holistic governance：the new reform agenda［M］. New York：Palgrave Macmillan，2002.

台、超越部门主义的适度竞争的公共体育服务市场；建立一套行之有效的合同监督和定价制度，规范履行外包任务，并保证政府与体育社会组织之间的合作长期有效；建立公民导向的外包制度，以及外包听证制度、公众参与的项目评估制度等。

第二节　政府行为理论

一、政府行为理论的兴起与发展

（一）政府与政府职能

对于国家和政府的概念界定，各学科观点不一。韦伯学派的观点认为，政府是国家现实世界中的表现形式，是国家安全受到外界威胁时合法使用暴力并享有向社会合法征税权利的组织。道格拉斯·C. 诺斯（Douglass C. North）从广义的角度界定政府概念，认为它是包括立法、司法与行政机关等一切公共机关，"以获得税收为条件提供保护和司法的一种组织"[①]；狭义的政府专指一个国家的中央和地方行政机关。

关于政府的职能，托马斯·霍布斯（Thomas Hobbes）、约翰·洛克（John Locke）、让–雅克·卢梭（Jean-Jacques Rousseau）等人认为，人类为了保护自身及其家庭成员的生命、自由与私有财产免受侵害，与社会订立契约，让渡最初的自然权利，从而产生了国家和政府。

① 道格拉斯·诺斯，罗伯特·保尔·托马斯. 西方世界的兴起[M]. 张炳九，译. 北京：学苑出版社，1988.

同时，政府的权力受到法律的制约，即政府由契约产生并受法律约束。

早期人们认为政府职能仅限于保护国家安全、保障民众生命财产安全及公民教育等基本公共服务，但是随着经济与社会的发展，尤其是快速城市化，人们逐渐认识到市场对城市迅速发展所带来的社会问题几乎无能为力。尤其是在第二次世界大战后，经济社会亟待重建，政府虽然在经济发展中起到了积极作用，但是政府究竟应当承担什么样的职能成为社会普遍关注的问题。1959 年，里查德·阿贝尔·马斯格雷夫（Richard Abel Musgrave）对政府的经济职能进行了明确界定：促进经济发展，改善民生，是政府的重要职能。保罗·A. 萨缪尔森（Paul A. Samuelson）和威廉·D. 诺德豪斯（William D. Nordhaus）将政府的作用归纳为效率、平等和稳定三个方面：保证社会经济发展的高效率，促进社会平等，保持社会稳定。此外，政府还应该通过国际合作解决外部性限制、市场失灵等问题。斯蒂格利茨提出，政府应对自然垄断行业，如能源、通信、新闻等进行管制或直接经营；补充不完善的市场，提供纯公共产品；解决经济外部效应问题；提供私人不愿意提供的产品，如某些保险项目。公共选择理论认为，政府的职能在于有效弥补市场失灵的缺陷。政府可以采取行动提高资源配置效率，以解决市场失灵带来的问题，但公共选择学派人士普遍认为，政府本身同样会失灵，并会给社会带来更大的灾难，造成更大的资源浪费。服务型政府对政府公共服务职能提出了更高要求，要求政府提供有形公共产品和无形服务，公共服务的范围越来越广，服务项目也越来越丰富。

（二）政府行为

“政府行为”一词最早出现在经济学文献中，主要是指政府从宏观角度对市场失灵行为的干预。随着管理学学科的发展，尤其是在组织行为学分支中，“政府行为”一词频繁出现，并在学术文献中逐渐被规范。政府行为主要指政府针对社会经济活动的计划、组织、人员安排、实施和控制等活动。据此，学术界出现了大量对政府行为对其他经济主体与社会主体影响的研究。“市场失灵”与“政府失灵”理论是解释政府对市场行为影响的两个极端情况。在市场经济主导的体制下，政府行为主要关注的是“市场失灵”的领域，主要涉及公共服务与产品的供给、公共品垄断、公共物品外部性、社会再分配和宏观失灵等问题。政府干预不可过度，以免出现“政府失灵”，否则其本身的缺陷给社会带来的危害将是灾难性的。许多学者对政府行为展开研究，将政府对市场与社会治理的失灵归结为科层化治理结构的固有弊端，从而推动了全球性的政府行政改革：一是引入企业家精神改造政府行政；二是强调依据宪法规则改善政治环境，对政府权力进行有效限制。本节所研究的政府行为是指政府对体育社会组织治理的干预行为，包括政府购买、行政管制、进入限制、监督控制等形式。

二、微观层面社会治理中的政府行为

（一）政府行为的目标

政府规制作为政府行为的主要表现形式之一，其理论创建开始于“政府管制为谁服务”的争辩。政府规制理论始于“公共利益理论”，其主要观点为：相对于计划经济，市场经济有更加灵活的优势，但也有不完善之处，也会出现“市场失灵”，政府对市场经营活动（市场上出现的自然垄断、外部性等）进行规制的目的是保证公共利益不受侵犯，公众的基本权益得到保证。20 世纪 60 年代前，这种政策主张一直占据主流，但在规制实践中，一些国家的政府规制出现了制度僵化、因循守旧、规制成本不断增加的问题，并且滋生了大量腐败问题，引发了学界重新思考政府规制的效率问题。此时，“规制俘虏理论”出现，并逐渐取代了“公共利益理论”。

曼库尔·奥尔森（Mancur Olson）集体行动的逻辑学说最早对“规制俘虏理论”进行了系统阐述，他认为，政府对某个产业中的企业的经营行为进行的监管都首先从被监管对象的利益出发，其背后的意思是，政府对企业的监管并没有首先从公民或公共利益的角度出发，而是从企业的利益出发。随后奥尔森又提出了著名的“集团规模理论”：利益集团的规模小，其中的成员就更加积极主动地采取措施影响政府的监管。紧接着，乔治·约瑟夫·斯蒂格勒（George Joseph Stigler）又提出了著名的“监管市场理论”，他认为所有的市场监管措施同样由需求和供给决定，政府的规制大多为少数利益相关的企业所左右，立法机构的规制是为满足企业对规制的需要，而政府最后会被企业所控制，并分享其中的垄断利润，这样政府的规制行为就成了企业追求垄断利润的一种手段。上述就是“规制俘虏理论”的核心观点。

经过上述分析可知，“公共利益理论”和“规制俘虏理论”是在不同历史发展阶段，为适应不同政府职能和作用而提出的[①]。“公共利益理论”是在西方福利经济学的视域下建立的理论，政府在这一背景下就像一个公正的裁判员，为实现公众的社会福利最大化而服务。“规制俘虏理论”则是从政府、企业、消费者不同利益相关者的角度出发，

① 许峰. 中国公用事业改革中的亲贫规制研究[M]. 上海：上海人民出版社，2008.

实现各自利益最大化，并认为政府为维护政权的稳定，也有自己的利益。在民主政治理论下，政府的最大利益就是维护政党的执政稳定。因此，政府的所有规制都是经过多方力量之间的博弈、公共选择的结果。

由此我们可以得出，政府规制行为实际上是一种利益在不同主体之间的再分配与调整。政府不能被主观地假设为自觉实现公众利益与福利最大化的组织，政府行为具有多重目标函数。首要的问题是弄清楚哪一主体能够从管制中获益，哪一主体的利益因管制受损。政策通常是利益相关者之间多次和长期博弈与选择的最终结果。

（二）政府规制的方式

1. 传统约束规制

传统规制理论认为，在“市场失灵”和“志愿失灵”的情况下，政府应对企业经营行为与社会组织运行进行规制，以确保资源有效配置，公共利益得以保证。也就是说，传统规制的出发点是保证公共利益得以实现。在这一阶段，政府规制的内容主要包括社会组织（企业）进入、投资、价格、产品和服务质量。

进入规制主要针对地方自然垄断行业中的公共产品，为提高企业生产效率与产品质量，确保规模经济效益，以及社会组织有效供给公共服务，政府通过许可制、注册制与申报制等方式特许某企业或社会组织进入，以限制产业内企业之间的过度竞争，甚至恶性竞争。投资规制是指政府相关部门既要鼓励企业投资，以满足公众不断增长的公共产品与公共服务需求，又要防止企业间投资过度，出现恶性竞争。

通过社会组织参与公共产品的供给，调节产业内企业间的竞争行为，以保证投资效率和效益。本着合理有效的原则，对公用事业垄断经营实施直接定价管制与间接定价管制相结合的定价机制，促进企业生产效率和服务质量的提高。为保证缺乏竞争的自然垄断行业提供优质的公共产品和服务，政府机构对产品和服务质量进行规制。

2. 激励性规制

博弈论与信息经济学的发展使传统规制关注的提高企业效率问题成为规制政策要解决的重要问题，激励性规制理论开始出现。

激励性规制理论是基于信息不对称理论，把规制问题看作委托代理问题，通过设计诱使企业说真话的激励性规制合同，能够提高规制效率[①]，即政府通过多种方式给予所辖区域企业以竞争压力，达到提高企业生产效率和经营效率的目的。激励性规制的方式主要包括不同行政区域间的比较竞争、公共产品的特许投标制、公共产品或者服务价格上限规制、社会契约制。当然，各种激励性规制方案依然有其局限性且适用范围有限。因此，激励性规制只能说是一种次优的举措。

（三）政府规制失灵与放松政府规制

1. 政府规制失灵

由于契约关系，政府以合法的规制者身份介入公共产品与公共服务的供给，但是，由于政府行为目标的复杂性与多元性，官僚组织机制失效，各级政府规制者拥有自由裁量权和规制信息不对称等，政府

① 谢地. 政府规制经济学[M]. 北京：高等教育出版社，2003.

规制经常会陷入一种失灵的状态，甚至比“市场失灵”“志愿失灵”更严重。规制失灵同样属于“政府失灵”的范畴，是政府在试图弥补市场缺陷与“志愿失灵”的过程中未实现预期的社会公共目标，或者损害了产业或市场的效率，或者导致社会组织无法实现社会公益目的，甚至生产的低效率。

政府规制失灵表现在如下几方面：一是导致企业内部效率低下或者社会组织能力弱，活力较差；二是政府规制滞后导致企业蒙受损失；三是规制的目的和结果不一致。那么，什么样的制度安排会导致规制失灵呢？其主要包括如下几方面。

（1）官僚层级结构缺陷

政府官僚体制是由一系列科层组织构成的，科层之间的目标又会有所差别，信息在不同层级之间流转传递，运作效率难以保证而且缺乏竞争，使政府规制者在对市场与社会的政策制定中存在着明显的组织缺陷，做出的决策缺乏效率。政府对市场和社会的规制存在认识时滞、决策时滞和执行与生效时滞问题。科层之间失效的另一个原因是规制者的目标往往难以与社会、市场目标达成一致。政府规制者作为官员，首先考虑的是自身政绩，其目标是追求自身政绩最大化，获取更多的政治资源和晋升机会，难免加重社会负担，降低社会福利。

（2）规制结构信息不对称

政府规制者和被规制者（企业或社会）之间结构信息不对称，就会出现资源配置效率低下，加上被规制者可能隐瞒真实信息，导致规制失灵。政府对社会与企业规制契约的不完整性是导致规制结构信息不对称的另一种情况。由于政府规制者的有限理性与认知能力，规制者只能依据有限信息与被规制者签订相对弹性契约。

此外，政府对社会与市场的规制因其路径依赖、规制偏好、认知能力有限、信息不完全、环境不断变化等，使政府规制决策与现实需求出现较大偏离，导致政府规制失灵。政府规制失灵引发资源配置效率低下，各种治理成本和关联费用显著增加，导致社会福利降低。政府规制失灵引发了人们对规制的深度反思，随着技术的进步，欧美国家普遍发出了放松政府规制的呼声。

2. 放松政府规制

由于政府规制失灵，而且规制成本显著增加，要求取消政府规制的呼声越来越高。美国率先采取行动，发起了放松规制运动。虽然大众要求放松政府规制不可避免地遭遇了来自政治利益集团的反对，但是理论研究取得的成果为政府放松规制指明了方向。首先，多种理论研究成果已经揭示了政府规制存在难以克服的缺陷，特别是公共选择理论、“规制俘虏理论”、部门利益理论均一致认为政府规制会出现失灵，所以应当放松政府规制。其次，技术革命直接推动了政府规制放松。利益主体认识到技术创新所带来的潜在的市场利润，在推动政府放松规制方面具有强大动力。同时，掌握新的科学技术的利益主体也会通过各种途径游说或向政府施加压力，把掌握的创新技术优势转化为经济利益，并分享市场份额。由于占有了技术优势，利益主体增加了在规制政策制定中的博弈力量，放松规制趋势明显。最后，在全球治理转型的背景下，创新制度安排是实施放松规制的关键要素。能否切实把放松政府规制落到实处，取决于顶层设计与各级政府的制度选择和制度安排。如前所述，规制是政府的一种重要职能，是对经济社会进行管控的方式，也是分配财富的重要机制。放松规制势必改变原有的利益格局，遭到阻挠。因此，政府应从维护与保障公共利益、促进生产力发展和保护广大民众根本利益的大局出发，通过新的制度安排来创新政府行为，改善政府与市场、社会之间的关系，以保证社会治理各参与主体在新技术条件下潜在的经济利益。这种新的制度安排是保证放松规制的关键条件。

实践已经证明，放松规制的政府行为效果是正面的、积极的。政府对社会、市场放松规制而不是取消规制，是为了构建竞争性体系，从而获取竞争性体系带来的收益，减少公共服务与产品垄断的低效率现象，降低交易成本和防止政府过度规制所造成的供给低效率等，对现有的政府规制行为进行逐步完善，寻找更有效率的政府行为方式。

政府在对公共产品、公共服务市场放松规制的同时，还必须加强配套的制度建设，使其能够对竞争性的统一市场进行规范。也就是说，竞争性体系本身需要新的制度安排来保证。在引入竞争机制的同时，政府更应该加强规制建设，凭借创新规制来放松规制，进行规制重建。因此，放松政府规制并不是政府对公共产品与公共服务撒手不管，而是在减少政府规制的同时，建立比过去更加宏观的、宽泛的、新的规章制度体系。也就是说，放松规制是为了对公共产品与公共服务进行更好的供给。

（四）政府公共服务的供给效率

政府的行为效率会对经济发展与公共产品和公共服务的供给产生重要影响，政府需要向不同人群提供优质的公共产品和高效的公共服务，增进群众健康福祉。此时，行为效率必然受到社会普遍关注。政府供给公共产品与公共服务的效率指政府配置公共资源的数量与质量，即投入与产出、成本与收益之间的对比关系。

政府对于供给公共产品与公共服务的决策方式和市场决策方式不同，存在诸多制度性障碍，决策过程更加复杂，并直接影响政府的供给效率。而且，政府直接提供公共产品与公共服务存在天然缺陷，如缺乏竞争、寻租俘获管制者、监管无效，甚至“政府失灵”，这些缺陷都会严重影响供给效率。对政府的行为效率进行评价和测度是非常困难的。一方面，政府行为难以像市场行为那样直接进行投入产出分析；另一方面，特殊的垄断性地位往往使政府违背政策初衷，产生“寻租”与腐败现象，这些都加大了测度政府行为效率的难度。以下简要论述影响政府提供公共产品与公共服务行为效率的几种理论假说，对正确认识政府行为效率测度给予启示。

1.“偏好显示机制”假说

假若将国家视为一种类似于市场的制度，向公众提供公共产品，并减少外部性，它就必须体现公民对公共产品的偏好，就如同市场显示出消费者对私人物品的偏好一样[①]。为提高政府行为效率，必须真实地了解公众的行为偏好，但由于公众偏好及行为信息难以获取，公众偏好激励机制难以有效实施，政府难以准确把握公众的行为偏好。政府既要满足社会公众的偏好，又要面对不同的利益集团施加的压力，很难得出社会福利函数的最优解，实现社会福利最大化。因此，政府的行为效率难以达到最优状态。针对这一情况，克努特·维克塞尔（Knut Wicksell）提出，为使政府提供优质的公共产品与公共服务，必须构建

① 丹尼斯·C. 缪勒. 公共选择理论（第3版）[M]. 韩旭，杨春学，等译. 北京：中国社会科学出版社，2010.

能够激励公众主动显示其偏好的机制，只有有效的政治决策程序介入，公众才会主动对公共产品与公共服务做出真实评价。许多学者对此进行了尝试，如查尔斯·蒂布特（Charles Tiebout）的“用脚投票法”、厄尔·汤普森（Earl Thompson）的偏好机制等，但这些机制都缺乏可操作性。从理论角度讲，无论是直接民主制还是间接民主制，都无法使政府了解公众的行为偏好，也就无法有效配置公共产品与提供公共服务。

2. 政府扩大公共产品与公共服务供应量的倾向

公共选择理论认为，政府和政府官员都是具有理性的“经济人”，他们追求公共产品与公共服务预算的最大化，并不断扩大政府规模以使自身效用最佳。丹尼斯·C. 缪勒（Dennis C. Mueller）认为，政治家和官僚既不代表社会利益，也不是除去社会公共利益之外别无他求，他们都是拥有个人利益的常人，他们是“经济人”而不是“道德人”，他们的行为同经济学家所研究的其他行为没有任何不同。

政府机构显然比公众更容易掌握公共产品与公共服务提供方面的信息，信息不对称导致政府机构在追求预算最大化的博弈过程中占据有利位置。公共产品与公共服务不能直接为政府提供利润，公职人员不能直接获利，为了增加升迁机会，他们就会追求自身规模的最大化，以提高与政府预算机构讨价还价的能力。政府机构越大，影响越大，升迁的机会就会越多，权力当然也会越大。由于各级政府与官员不是公共产品与公共服务成本的最终承担者，为追求政绩，他们会追求公共产品与公共服务供给规模的最大化，扩大自身影响，而不会过多考虑公共产品与公共服务的成本问题，最终造成公共产品与公共服务供给的成本过高，资源耗费过度，从而降低公共产品与公共服务的供给效率。

3. 政府提高公共产品与公共服务供给效率的动力不足

政府提供公共产品与公共服务是为了追求社会效益，但是社会效益的衡量并没有统一的标准与可靠的估算方法及技术。一方面，公众对于所提供公共产品与公共服务的数量、质量，以及政府的投入与产出无法进行准确的估量；另一方面，政府对于公共产品与公共服务的垄断使政府无直接竞争对手，即使它们运作效率低下，公众也别无选择，造成了供给效率低。而且，政府与公众之间信息的不对称也使公众无法进行必要的监督。因此，政府缺乏提高公共产品与公共服务供给效率的动力。而且，政府的垄断行为还会造成寻租的发生，寻租同样会降低政府的行为效率，导致公共产品与公共服务的非公共化供给，社会资源配置效率低下，政府的廉政成本增加。

4. 信息不对称与激励不相容

信息不对称表现在政府与公众和政府上下级之间。首先，政府与公众间没有建立通畅的信息发布机制，造成信息不对称。针对公共资源配置或者其他公共服务供给问题，政府制定和推行某项政策时，并不会征求公众意见，造成公众对政府政策不知情，政府与公众之间信息不对称。其次，政府上下级之间信息不对称，包括中央政府与地方政府之间信息不对称，上级与下级之间信息不对称。政府制定和执行公共政策的信息主要是通过下级部门和基层部门逐级向上传递而获得的。这样就在上级政府与下级政府之间形成了信息不对称，下级政府相对上级政府具有一种信息优势。

政府与公众之间的信息不对称衍生出了两者之间的委托—代理关系，引起了逆向选择与道德风险的问题，最终导致激励不相容的问题出现。逆向选择对社会治理危害极大，可能导致社会选择不称职的官员代替公众来行使公共管理权利。道德风险是由于缺乏公众监管和正常的矫正程序，政府官员只关注自身的利益最大化而不是社会全体公众的利益最优造成的。当政府官员掌握的权力与付出不相符的时候，就产生了激励不相容问题，容易导致政府官员利用手中权力寻租或滋生腐败现象，损害公众利益。

三、宏观层面社会治理中的政府行为

（一）财政集权与财政分权的划分

财政职能在中央政府与地方政府之间的划分、财政收入在中央政府与地方政府之间的划分，以及政府间的财政转移支付都影响着公共产品与公共服务的供给。

中央与地方政府间的财政关系，是政府间财权和财力的划分，但本质上是经济利益的划分。协调中央政府与地方政府之间的财权与财力的模式主要有财政集权与财政分权两种。

著名经济学家詹姆斯·M. 布坎南（James M. Buchanan）认为，政府也会“失灵”，并造成资源配置效率低下。因此只要是市场可以提供的公共产品，政府就不必干预。所以，以布坎南为代表的这一学派主张财政分权，反对中央政府控制大部分财政收入。虽然中央政府通过财政转移支付手段来解决区域间财政不平衡问题，但他们仍然认为这种做法降低了供给效率。他们认为财政集权可能导致效率低下、体制政策僵化，而财政分权由地方政府提供公共服务，可以给公众多元化的选择。

相反，以亚历山大·汉密尔顿（Alexander Hamilton）为代表的联邦主义者更多地强调财政集权带给公共资源配置的好处。只有中央财政采用财政集权模式，政府才能有效地提供全国性的公共产品与公共服务，这样就能够获得规模经济效应，而且可以避免地方政府之间不必要的竞争带来的负面影响，解决公共产品与公共服务的跨地区外部性问题，实现公共资源在全国范围内的最优配置，实现全社会利益最大化。在财政集权模式下，中央财政可以通过向公共产品与公共服务发生外溢的地区给予财政补贴的方式解决外部性内部化问题。

归根结底，财政集权和财政分权两种模式并没有绝对的界线，只是处理政府间财政关系的手段，因为绝对的财政集权和绝对的财政分权都不可能实现社会福利最大化。

（二）政府间事权划分和事权分工

1. 关于事权的界定

政府事权指一级政府所拥有的从事一定社会、经济事务的责任与权力，是责任和权力的统一，仅仅强调某一方面是片面的①。本研究所关注的“事权”主要指各级政府在公共体育产品和服务供给等公共体育资源配置中应承担的任务和职责。接下来从公共产品与公共服务供给的规模效应与受益范围的角度来阐明事权在各级政府间如何划分。

---

① 王国清，吕伟. 事权、财权、财力的界定及相互关系[J]. 财经科学，2000（4）：22－25.

奥尔森提出了著名的财政对等原则：当受益范围恰好等同于它的行政边界时，政府提供的公共产品与公共服务最有效率。然而，几乎每一个地方政府提供的公共产品与公共服务都有外溢，只是外溢范围不同罢了，而且这种外溢随着科学技术的进步、经济社会的发展而处于不断变化之中。同时，我们也应该看到，政府的行政级别、管辖范围也会随着经济发展、地理、历史、政治、文化等因素的变化发生变化，所以始终保持受益范围和政府辖区相互重合是比较困难的。理论上，解决这种外溢问题的方案是由较低级别政府来提供公共产品与公共服务，高一级别政府通过转移支付来实现外部性内部化。

政府事权划分还存在一个值得关注的、规模效益和大众偏好之间的矛盾问题：由高一级别政府提供公共产品与公共服务的可能规模效益和不能够准确反映地方大众偏好之间的矛盾。虽然一些公共产品与公共服务由较低级别政府提供能更好地满足大众偏好，但却失去了由更高级别政府提供所产生的显著的规模效益。

解决上述问题的一般原则是“地方优先”原则。“地方优先”原则指的是，首先考虑由较低级别地方政府提供公共产品与公共服务，如果存在外部性，尝试通过高一级别政府以转移支付方式予以矫正，如果考虑规模效益问题，则政府联合提供公共产品与公共服务，并以一部分市场化运作辅助。如果上述方案均无法实施，再考虑由更高一级别政府提供公共产品与公共服务，直到由中央政府提供公共产品与公共服务。

2. 中央与地方的事权分工

习近平新时代中国特色社会主义思想所倡导的财政权责观为我国

"加快形成有利于推进基本公共服务均等化的现代财政制度，形成中央与地方财力和事权相匹配的财税体制"奠定了唯物论基础。公共产品与公共服务供给中，中央与地方政府事权的划分是由两者的职责分工决定的。

财政"分权"与"集权"很大程度上影响了中央与地方职责分工和事权的划分。从多个国家的实践来看，其划分方式均取决于公共服务的受益范围。市场经济占支配地位的发达国家公共财政下的事权分配基本贯彻"市场优先"和"地方优先"两项原则，按照公共服务的不同属性和效率要求进行事权分配。国防、外交等公共服务方面的支出由中央政府承担；公共福利支出主要由中央（联邦）政府和省（州）一级政府承担；教育支出由于存在外溢效应，以地方为主，但中央（联邦）政府和省（州）一级政府通过较大的转移支付矫正外部性；地方公共服务，如市政建设、社区服务、公共卫生等，基本上由地方政府支出，出于区域间的均等化考虑，上级政府有一定的转移支付[①]。实际上，这些国家中央（联邦）政府的事权与支出范围基本相同，在省级、地方政府事权和支出范围方面也没有较大的差异，因此，应动员各方面力量，发挥中央和各级地方政府的职能与作用。

四、我国地方政府行为的目标函数

中央政府由于绝对控制着财权的分配，不可避免地会采取对自身有利的措施。而各地方政府代表特定区域的经济利益主体，为了体现特定行政区域公民的利益，往往采取策略性行为，这样在上下级政府

① 齐志宏. 多级政府间事权划分与财政支出职能结构的国际比较分析[J]. 中央财经大学学报，2001（11）：6－10.

之间就形成了博弈。另外，同级别地方政府之间也存在博弈行为，因为不但同级别政府官员之间存在晋升方面的竞争，同级别政府之间也存在着激烈的资源竞争。下面通过阐述我国地方政府行为的目标函数和行为约束机制，来解释政府间的博弈产生的原因及其对社会组织治理的影响。

随着我国市场化分权改革的进行，地方政府行为趋利性和非规范性特征异常显著，“政府企业化”倾向越来越明晰①。为巩固与强化独立的利益主体地位，地方政府愈加表现出维护自身经济利益的行为特征，更多地从地方的利益出发制定政策并采取行动，在中央宏观政策与地方政府自由裁量权之间找到最佳契合点。实际上，相对于中央政府和非政府组织（居民、企业和其他社会团体），我国地方政府发挥着特殊的功能，具有十分重要的地位。首先，地方政府代表着中央政府和非政府主体（包括社会组织）的双重利益。其次，地方政府联结着中央政府与社会组织，承载着沟通与协调的功能，将中央政府的政策信号传递给社会组织执行，同时，将社会组织的诉求反映给中央政府。因此，地方政府代表不同的角色主体的利益，有着多元的目标函数和约束条件。地方政府代理中央政府贯彻执行中央政府的方针政策，实现对本地区社会经济与市场行为的调节，行使宏观调控的职能；地方政府代理本地区的社会组织，使社会组织能够参与社会事务治理，以实现本地区社会利益最大化。我国地方政府所处的这种位置和执行的功能被称为地方政府的双向代理②。上述功能也决定了我国地方政府的

① 张三保，田文杰. 地方政府企业化：模式、动因、效应与改革[J]. 政治学研究，2014（6）：97－109.

② 杨瑞龙，杨其静. 阶梯式的渐进制度变迁模型——再论地方政府在我国制度变迁中的作用[J]. 经济研究，2000（3）：24－31.

行为角色是多重的：既是中央政府在地方的代理者，宏观政策的执行者，又是地方利益的代表者，还是行政区域内的管理者和公共服务的供给者。

地方政府作为中央政府（包括上一级政府）与社会组织的双重代理者，其效用函数的目标首先考虑的就是落实中央政府的政策意图，提高中央政府及上一级政府的满意程度。按照中国目前的干部晋升制度，上一级政府的满意度显得尤为重要。原因就在于，中央政府或者上一级政府控制着官员的晋升，以及大部分的决策权和公共资源的分配。中央政府依靠这套机制来激励和约束地方政府。地方政府作为中央政府及上一级政府的代理者，通过贯彻执行上一级政府的决议并完成上一级政府的任务来获得上一级政府的认可，从而实现中央政府—地方政府间的委托代理关系。因此，在委托者中央政府的激励机制支配下，在充分考虑委托方的政策偏好和考评激励制度的前提下，地方政府利用手中掌握的资源决定自身行为目标和行动。改革开放以来，我国政府宏观政策的首要任务是发展经济和稳定社会秩序，因此中央政府对地方政府的政绩进行考评的主要标准就是经济社会发展。在绩效考查主要依赖经济绩效表现的情况下，地方政府的行为目标自然而然地倾向于本地的经济发展，公共产品与公共服务提供就被放在了次要位置。

作为独立的特定区域的利益主体，地方政府行为的效用函数无疑是实现其自身利益的最大化。收入最大化是符合地方政府经济利益的，也是符合政府官员政治利益的，因而地方政府增加税收收入是效用函数之一。当前，在不能增加税负的前提下，对地方政府来说，实现辖区内税收收入最大化的真正长期有效的手段就是调动所有力量发展地方经济。

作为辖区公众利益的代表者、管理者及公共服务的提供者，地方政府的另外一个效用函数是辖区内居民和企业的满意度。如果辖区内居民或企业对地方政府行为不满意，原则上可以通过“用脚投票”和“用手投票”两种方式对地方政府进行约束。当前我国居民可采用的“用手投票”方式有行政诉讼、选举、人大对地方政府职能部门的监督等。在我国户籍管理制度改革的背景下，辖区居民越来越倾向于以“用脚投票”的方式对不同地方政府提供的公共服务进行选择，从而实现对地方政府行为的间接制约。

上述分析表明，地方政府具有不同的效用函数，作为中央政府和上一级政府的代理者，其效用函数是贯彻上一级政府的政治意图，使上一级政府满意；作为特定区域独立的利益主体，实现税收收入最大化是地方政府的效用函数；作为辖区利益的代表者及辖区的管理者和公共服务提供者，实现居民和企业效用最大化是地方政府的效用函数。由于地方政府面临中央政府（或上一级政府）、辖区居民与企业，以及自身不同的约束，政府行为目标需要在上一级政府的满意度、居民和企业的效用最大化、自身利益的最大化之间做出抉择，地方政府及其官员作为各种政策的制定者和执行者，决定着地方政府公共政策的目标方向与行动策略。

与经济转型背景下的财政分权和政治集权相对应的约束条件就是财政约束和政治约束。所谓财政约束就是经济约束，如果地方政府财力充足，它就有能力提供优质的公共产品与公共服务，并由此实现其政治目标。政治约束对政府官员来说尤其重要，主要来自中央政府（或上一级政府）的认同，辖区居民的满意与认可。由于中央或者上一级政府官员任免与政绩评估的特征，上一级政府对地方政府官员的政治认同是起决定性作用的，地方政府官员在经济建设中所取得的政绩是决定其政治生涯与合法性的重要标准。

基于地方政府的目标函数与行为约束，作为“政治参与人”，地方政府及官员往往把对上一级政府负责作为决策的出发点；作为“经济参与人”，为保证地方政府利益最大化，同时在缺乏社会、公众的监督的前提下，地方政府官员可能会出现对“收入、成本、风险”等软约束行为的忽视，导致政府行为的偏差。

五、公共产品与公共服务供给中地方政府的行为表现

（一）政府公共服务中的“越位”与“缺位”行为

在当前建设服务型政府的时期，地方政府的主要职能之一就是提供公共服务，促进地区经济发展与社会和谐稳定。地方政府出于“经济人”的本质特征，从自身利益出发，具有强烈的“越位”冲动[①]。在财权和事权基本对应的情况下，某一领域出现“越位”就意味着其他领域“缺位”。“越位”表现在过多干预公共体育服务的供给，提供过多的显性公共服务，如见效快、周期短、成果易衡量的形象工程。“缺位”表现在公共产品供给不足，尤其是服务周期长、见效慢，且成果难以量化的隐性公共产品供给不足。

20 世纪 90 年代以来，为追求以经济发展为导向的“政绩最大化”[②]，地方政府政策执行行为发生了巨大的变化。地方政府之间的竞争既表现为经济利益方面的竞争，也表现为地方官员为谋取政治晋升机会而

① 黄玉妹. 地方政府经济人过度趋利行为及解决路径[J]. 东南学术，2010（5）：75－81.

② 周黎安. 行政发包制[J]. 社会，2014，34（6）：1－38.

展开的竞争。国内生产总值（GDP）政绩考核指标导向的地方政府官员谋求晋升行为，使地方政府对于“政绩工程”“形象工程”等短期内能提高社会关注度的显性公共服务有较强的偏好，财政投入较大。而科教文卫体等社会保障部门，外溢性较强，且官员任期内难以看到成效，对于类似的基本公共服务领域，地方财政的投入严重短缺。与之形成对照的是，某些地方政府受到追求政绩最大化的利益驱动①，偏重于对经济增长产生直接效应的道路、交通、绿地、通信等基础设施项目的投资，而对供水、体育设施建设等生活性公共设施投资兴趣不足，这种投资的不平衡造成了公共服务的错位。

（二）公共服务政府规制的现状

虽然现阶段我国地方公共服务领域面向市场与社会的开放力度不断增强，但仍显不足，基本上仍由政府控制下的事业单位主导经营。虽然有社会团体参与，但这些社会团体自上而下形成的特殊性，导致了供给的效率不高。一些事业单位和协会与政府的特殊关系，导致其基本上没有改变行政科层的运作方式。这样就无法形成统一的市场竞争体系，失去了市场竞争的压力，公共服务供给的效率偏低，政府提供的公共服务不能满足公众的需求。这都说明了我国公共服务政府规制仍有完善的空间。

1. 在政府主导型的社会转型发展阶段

由于经济社会发展速度太快，问题集中出现，公共服务相关规制

---

① 周黎安. 行政发包制[J]. 社会，2014，34（6）：1－38.

滞后于实践的发展。为了与现实发展相适应，不完善的政府规制行为就不可避免地发生了。同时，我国规制机构尚未健全，人员行政素质需要提高，规制水平和规制能力需要提升和强化，这些情况都说明了地方政府行为能力仍有提升的空间。

2. 完善政府对公共服务供给的规制制定过程

依法加大对公共服务的规制力度。封闭式的规制制定过程缺乏透明性与公众参与性，从而使政府规制过程的规范性受到影响，而且不能完全反映公众的真实需求。

3. 规制的复杂化

转型期服务型政府逐步构建，社会组织持续发育，规制的不完善可能加剧“政府失灵”与“社会失灵”，“双失灵”使规制过程更加复杂。

4. 公共服务政府规制的不完善阻碍了社会组织的参与性

由于长期的政府主导型发展思维，社会治理一旦遇到新情况、新变化，就希望通过政府规制来解决问题，而不是将社会组织作为治理主体之一来解决。这种“路径依赖”的思维惯性严重阻碍了社会组织本身所具有的社会治理机能的发挥，使社会组织治理职能发挥受到抑制。

（三）中央与地方政府的事权划分

地方政府规模扩大，其机会主义倾向就会增强，政策执行中的“漏斗效应”就会愈加明显。而且，机会主义倾向使各级政府及其官员都努力将责任下移、权力上移①。分税制改革以来，中国的基层政府承担着更大比重的事权。中国大约70%的公共财政支出由省、市、县（区）和乡镇政府承担，其中有55%以上的财政支出由省级以下政府承担②。这充分说明了地方政府承担着较大比重的事权，过重的财政负担最终导致地方公共服务供给短缺。

六、我国公共体育产品与公共体育服务供给的政府行为表现

（一）中央政府

随着1994年实施的分税制改革，大量的财力集中到中央财政，中央政府根据总体发展规划，通过转移支付体系向地方进行二次分配，这就使之前形成的“分权让利”的局面发生了彻底的改变，中央政府的财政集权对地方政府行为逻辑产生了较大的影响。中央政府通过分税制改革集中了大量财力，但没有承担地方政府的支出责任，反而将事权不断下移，使地方政府面临巨大的财政压力③。虽然制定了规模庞大的转移支付体系，但实质上中央政府是通过“一上一下”的“纵向”过程将集中起来的财力“横向”转移到中西部地区的。财政资金流动的变化使政府间的关系发生了变化，直接导致了政府治理方式与行为的转变。中央政府以“专项资金”的名义向地方政府实施转移支付。

---

① 梅立润. 地方政府机会主义：一个值得关注的国家治理现代化议题[J]. 理论与改革，2018（1）：123－132.

②《2000/2001年世界发展报告》编写组. 2000/2001年世界发展报告：与贫困作斗争[M]. 北京：中国财政经济出版社，2001.

③ 张春宇. 中央政府与省级地方政府间税收关系研究[J]. 东北财经大学学报，2017（3）：80－85.

这种运用项目思路规范政府间关系的资金使用方式很快被应用到一般的财政资金使用之中，进而蔓延到政府与社会组织的关系之中，这种“财政资金专项化”现象被有些学者称作“项目制”[①]。“项目制”也被看作中央政府运用新的技术与手段试图对非政府领域加强控制来实现权力上移的方式，是一种新的治理体制。精细化设计并实施的项目都呈现出了“技术治理”[②]的显著特征。

（二）地方政府

在推动体育社会组织改革与发展的过程中，政府由于资源和政策执行分工的差异，依据制度环境变迁条件做出理性选择，实施了策略性的政策执行路线或方针。因此，政府作为制度环境的行为主体，地方与基层政府制度环境才是影响体育社会组织发展和参与社会治理的核心外部因素。体育社会组织的发展离不开政府的制度支持，地方政府或者代理机构介入体育社会组织的发展会直接影响治理有效性[③]。这里的地方政府指的是政策执行中的省、市、县（区）级政府。

公共选择理论认为，地方政府也是具有理性和私欲的“经济人”，既追求公共利益，也追求自身利益最大化，政府机构组成人员也具有个人动机和个人利益，在政治市场上的交易动机和交易行为也会把个

---

① 渠敬东. 项目制：一种新的国家治理体制[J]. 中国社会科学，2012（5）：113－130.

② 渠敬东，周飞舟，应星. 从总体支配到技术治理——基于中国30年改革经验的社会学分析[J]. 中国社会科学，2009（6）：104－127.

③ TANG B．Neighborhood aged care and local governance in urban China[J]. The China journal，2018，79（1）：84－99.

人利益带进政府和政府决策，实现自身利益最大化。地方政府是推动社会组织发展的主导力量，政府行为策略是制度环境直接作用下的产物；地方政府是社会发展的积极行动者，经济社会发展的决定性力量，与企业，其他社会力量相比，具有强大的行政动员动力、足够的资源条件去推动社会组织的发展。地方政府作为国家与社会的联结者，对制度环境反应异常敏感，在国家宏观政策应对方面积累了足够的经验。地方政府对社会发展的影响最为直接，它不仅可以通过行政行为直接介入社会组织的发展，而且可以通过制定准入政策、支持机制与监督机制影响社会组织的发展。

政府的理想角色模型表现为现实中的“理性人”，但不是抽象的“理性人”，不能将其简单地概括为“寻求自身利益最大化”，而要将其行为选择逻辑置于一个特定的制度环境中去考查：①制度的激励与约束机制。制度的激励与约束机制会促使地方政府从自身利益最大化出发，强化政府作为“理性人”的一些行为特征，如在弱激励的制度下，地方政府可能选择“见好就收”。②制度环境界定了行动者的行动空间。政府会根据资源的调整做出行动和策略选择，寻求特定行动空间内利益最大化。

随着经济的发展，地方政府所承担的公共体育服务供给的责任不但没有减轻，反而在加重。计划经济时代，一个单位就像是一个小社会，单位取代国家和地方政府提供绝大多数的公共体育服务。改革开放之后，地方政府获得了更多经济发展的自主权，但也承担了更多公共服务的责任，其中就包括人们日益增长的公共体育服务的需求。首先，随着国有企业改制，原本由单位提供的公共体育服务职能被逐步转移给地方政府；其次，由于财政分权，原来由中央直接投资的公共体育服务也逐步被转移给地方政府。教育、医疗、文化、体育等内容庞杂的公共支出几乎完全由地方政府承担。中央财权不断上收，而支出责任不断下放，造成了地方政府的财权与事权严重不匹配的困境，公共服务供给、社会管理给各地方政府特别是基层政府在公共服务提供方面带来了巨大的资金压力，造成了地方政府公共支出结构“重基本建设、轻公共服务”的明显扭曲[①]。而且，地方政府官员的晋升高度依赖考核范围内可测度的经济指标，这就很容易激励地方政府官员注重经营和发展经济而忽视社会事务的管理和公共服务的提供；对不易测度的指标则不予重视，导致地方政府过度追求政治利益，对民众的诉求不能及时回应。因此，地方政府在公共体育服务供给的实际操作中也尽可能消极应付，或者满足于“保底执行”[②]。

政府行为研究是中国社会学研究的一个重要新兴领域，这与当下政府主导的社会治理转型密不可分。社会学研究对政府行为的分析先后形成了三种范式：制度分析、利益结构分析、历史维度分析。社会学研究的对象是“国家与社会”范畴下与“社会”相关的各方面，而国家和政府一般作为社会学研究的“背景”而存在，也作为批判的对象而存在。政府行为研究作为一个全新的研究领域，作为社会学的研究对象，逐步突破了“国家与社会”的二元分析范式。政府行为研究是由中国经济社会发展的特色决定的，是中国特色改革开放道路的深刻反映和鲜明体现，更是中国社会学研究 40 年来发展的重要成果。对政府在体育社会组织治理中的角色进行科学定位，系统研究体育社会

① 黄寿峰，向淑敏. 财政分权对地方政府债务的影响研究——基于城投债的证据[J]. 社会科学研究，2021（5），60－72.

② 叶托. 中国地方政府行为选择研究——基于制度逻辑的分析框架[D]. 杭州：浙江大学，2012.

组织培育与发展中的政府行为，研究中央政府如何发挥主导作用，进行顶层设计与宏观政策制定，地方政府如何实施选择性策略组织、整合社会力量共同参与建设，如何完善各级政府体育社会组织治理体系，最终实现计划、组织、执行、监督控制等各个环节及系统的高效运行，提升政府效能，建设服务型政府，探讨不同类型体育社会组织治理下的政府行为及其优化路径，对于实现体育社会组织改革创新具有重要的理论与现实意义。因此，从政府行为角度对体育社会组织治理进行研究有利于拓展体育社会组织理论研究的视野。

第三章
体育社会组织治理的政府行为及其生成机制

第一节　体育社会组织治理的政府行为内涵与特征

一、政府行为内涵

政府理论和现代公共管理理论认为，一切政府行为的发生都源于政府职能，政府行为是政府职能的展开和外化。政府职能侧重于理论层面的阐述，它是指一定时期内政府依法对国家和社会各个领域进行管理时应该承担的职责和功能；而政府行为侧重于实践层面，是指管理活动中发挥政府职能的具体运作，其行为实质、行为方向、行为内容，以及形式层面都由政府职能决定[①]。

政府表达国家与人民的意志，基于所掌控的公共权力行使政治职能和社会管理职能。政治职能指为实现政治统治，国家通过建立基本政治制度，如全国人民代表大会制度，实施政治管理，推动政治参与，以及促进政治发展等，巩固国家政权；社会管理职能则指各级政府机

① 张康之，石国亮．国外社区治理自治与合作[M]．北京：中国言实出版社，2012．

关及公务人员运用国家与人民赋予的公共权力，在外界环境的作用下，对非政治事务管理的社会生活领域中的经济管理职能、法治管理职能、文化管理职能及其他社会管理职能所承担的责任与功能[①]。

政府行为作为社会学研究的一个重要的研究领域，是改革开放以来中国特色经济社会发展的深刻反映和鲜明体现。社会学研究在分析政府行为时采用了制度分析、利益结构分析、历史维度分析三种范式。改革开放 40 多年来，政府治理行为清晰地呈现了我国政府角色及其运作机制的特征。自 20 世纪 80 年代中期开始，中央政府取消“统收统支”的财政体制，并以“财政包干制”代替地方政府“层层包干”[②]。这种财政体制的好处在于基层政府只要按照上级政府的计划超额完成财政包干任务，就会获得财政支配自由。同时，这种财政体制改变了中央和地方之间的关系，经营和谋利的趋向使基层政府成为“代理型政权经营者”[③]和“谋利型政权经营者”[④]。这种经济利益分析是从社会学的视角对政府行为逻辑的最初理解。虽然这种经营型政府显著拉动了地方经济的增长，但也催生了政府行为失范、经济社会发展不均衡，以及社会矛盾日益激化等问题。而且，21 世纪初中国成功加入世界贸易组织（World Trade Organization, WTO），进入全球统一市场体系，国际市场规则对中国经济活动起到了反向规制作用。因此，建设服务型政府、推进民生政治建设迫在眉睫。随着党的十八届三中全会

① 张康之，石国亮．国外社区治理自治与合作[M]．北京：中国言实出版社，2012．

② 龚浩，任致伟．新中国 70 年财政体制改革的基本历程、逻辑主线与核心问题[J]．改革，2019，303（5）：19－28．

③ 张静．基层政权：乡村制度诸问题[M]．杭州：浙江人民出版社，2000．

④ 杨善华，苏红．从“代理型政权经营者”到“谋利型政权经营者”——向市场经济转型背景下的乡镇政权[J]．社会学研究，2002，16（1）：17－24．

提出国家治理体系和治理能力现代化，对有效而多样化的公共产品与公共服务的需求日益强烈。将经营性的政府行为转变为以供给公共产品与公共服务为本的治理体系，重塑政社合作关系，使政府行为更加规范、标准、透明，技术化和制度化的技术取向成为改革的重点。以技术理性为显著特征的政府改革改变了政府行为逻辑与策略选择，为推动社会组织发展提供了机遇①。

从治理实践来看，虽然技术理性政府行为的逻辑完美地避开了深层次的体制机制改革问题，将其简化为单纯的行政技术治理问题，提升了政府行政及治理的合法性，但是传统的科层化行政体制技术化改造只触及了行政体制中的工具方面，并未从根本上改变原有的行政权力运行的布局和机制，也未能跳出行政经营的实质逻辑②。技术理性政府行为既反映了政府已经意识到经营性运作应对社会治理转型的薄弱之处，已不能适应社会发展的需要，更折射出在原有的科层制行政体制机制约束下，政府需要将技术治理的逻辑辐射到社会经济建设的各个方面并获得行政体制本身和广大民众的认可。因此，技术理性政府行为及其实践既呈现了宏观政策逻辑，又诠释了政策执行中的地方政府行为选择。

当下，促进国家推动的社会组织治理转型成为历史的选择。然而，在宏观制度设计一致的前提下，政府主导的社会组织治理转型如何落地实施、政策如何执行等问题尚未得到足够的重视。政府行为为我们解决上述问题提供了全新的思路。政府行为一般包括决策

---

① 渠敬东，周飞舟，应星. 从总体支配到技术治理——基于中国30年改革经验的社会学分析[J]. 中国社会科学，2009（6）：104－127.

② 同①。

行为、组织行为、执行行为、监督控制行为等①。本研究所讨论的政府行为是指各级政府机关及公务人员运用人民赋予的公共权力所呈现的技术理性治理行为，它既能反映体育社会组织治理转型国家宏观政策逻辑，又能诠释政策执行中地方政府的决策、组织、执行和监督控制等行为。

二、政府行为特征

政府是推动体育社会组织治理转型的主导力量，它不仅可以通过行政行为直接介入社会组织治理，还可以通过制定准入政策、支持机制与监督机制影响社会组织治理。公共选择理论认为，政府也是具有理性和私欲的“经济人”，既追求公共利益，又追求利益最大化。在现有社会政策执行逻辑下，为实现体育社会组织治理转型，“政社合作”通过相应的制度安排构成对地方政府行为的激励——以国家制度化的方式回应体育社会组织治理转型是否能够为其带来政治收益。财权与事权严重不匹配的困境，以及公共支出结构出现的“重基本建设、轻公共服务”的扭曲②使政府在体育社会组织治理的实际操作中也尽可能消极应付，或者说满足于“保底执行”③。

体育社会组织治理的技术理性政府行为具有公共性、合法性、技术性、规范性和有限性等特征。

---

① 刘丹，傅治平，曹山河．政府行为论——市场经济条件下政府功能研究[M]．长沙：湖南人民出版社，1998.

② 黄寿峰，向淑敏．财政分权对地方政府债务的影响研究——基于城投债的证据[J]．社会科学研究，2021（5）：60－72.

③ 叶托．中国地方政府行为选择研究——基于制度逻辑的分析框架[D]．杭州：浙江大学，2012.

（一）公共性

德怀特·沃尔多（Dwight Waldo）通过文化概念与结构——功能的分析方法来阐述政府行为“公共”的内涵。“公共”是政府公共管理职能的核心概念，它包括公共主体、公共客体及公共行为等公共管理的范畴体系。公共主体包括以政府行政组织为核心的各类公共部门、非政府组织机构等，如各级政府的体育局；公共客体包括公共事务、公共权力、公共利益、公共秩序、相关公共政策、公共规则、行为规范与绩效评估标准、公共服务、公共产品等，如公共体育产品与公共体育服务；公共行为指公共主体对公共客体的执行行为，包括行使公共权力和提供公共服务的行为方式、手段与方法①。对于政府行为的公共性的理解必须要明确以下两点。第一，政府面向全体公民，以实现公共利益为出发点和归宿，利用手中掌握的公共权力实现公共利益最大化；第二，政府行为的公共性是其区分于其他社会组织的最主要标志。

（二）合法性

根据经验定义法，合法性主要指公众对于统治者权威地位的确认和所颁布命令的服从。对于合法性，我们首先要明确它是一种事实存在，而不是价值判断。罗伯特·A. 达尔（Robert A. Dahl）认为，只要一个政府享有制定有约束力的法规的权力，只要人民确信政府的结构、法案、程序、政策、官员和领袖具有正确、适当或道德上的美德

① 蔡立辉. 公共管理：公共性本质与功能目标的内在统一[J]. 中国人民大学学报，2003，18（2）：144–152.

等品质[①]，它就是合法的。马克斯·韦伯（Max Weber）认为，合法性是促使一些人服从命令的动机[②]。可见，经验定义法下合法性的概念主要强调政府的权威被社会公众所接受。规范定义法则认为，合法性在于是否符合正义、民主或自由抽象的价值要求，并不在于能否得到公众事实上的认可和服从。基于经验和规范两种定义方法对于政府行为合法性的解读，可以得出本节所指的政府合法性的内涵：公众对政府体育治理权威地位的认同和对其治理行为的绝对服从。社会赋予政府权力维护国家主权完整和促进社会发展，全体公民严格遵守并服从，这是政府行为得以实施的根本保证。在当前政府推动治理转型的逻辑下，政府通过其掌握的公共权力，以法律法规、政策和强制性行政命令等多种方式，实现体育社会组织治理转型，维护社会管理秩序。

（三）技术性

随着党的十八届三中全会提出国家治理体系和治理能力现代化，对有效而多样化的公共产品与公共服务的需求日益强烈。将利益最大化的经营性的政府行为转变为以供给公共产品与公共服务为本的治理体系，可以在不触及深层体制机制的前提下，通过适当的行政工具、标准化的治理手段和科学化的评估方法体现政府行为的技术性特征。

（四）规范性

政府治理行为有一定的政府意图或目标选择。政府通过制定法律法规约束公民行为，并逐渐确立其主导地位。政府行为的实施应在规

① 达尔，斯泰恩布里克纳. 现代政治分析[M]. 吴勇，译. 北京：中国人民大学出版社，2012.

② 韦伯. 经济与社会：第一卷[M]. 阎克文，译. 上海：上海人民出版社，2009.

范的基础上实现政府意图或目标选择。政府行为的规范性具体表现如下。第一，制度和法律是统治阶级为实现并保证其长期统治地位而根据经济和社会发展的客观要求制定的，政府作为统治阶级意志的践行者，其行为必须严格遵守相关制度和法律。也就是说，政府行为要以制度、法律、规章为前提和基础。第二，政府行为实施应建立在相应的程序和规则的基础上。政府的决策、组织、执行和监督控制行为都应在相应的程序和规则的基础上实施。第三，体现政府意志的文件、公告、计划等都是以比较规范的文字形式呈现的，具有规范性特征①。政府行为规范性的重要意义在于它使参与提供公共产品与公共服务的市场主体、社会组织和公众能够对政府意愿与目标做出预期，并据此理性规划自身或者组织的行为，在政府与其他参与主体之间形成合作的、互动的关系。

（五）有限性

政府的职权界限和政府自身专业能力的缺失决定了政府行为的有限性。首先，现代民主要求政府在法律范围内依法行使社会公众赋予的公共权力，强调法律授予政府权力、明确规定政府职权范围。政府权力是来自社会公众赋予的公共权力，因此，政府行使权力仅限于社会公共领域，而非私人领域。另外，在市场经济条件下，政府在为社会公众提供公共产品与公共服务时，应遵循三个原则：民间可以提供的公共产品与公共服务，政府就不应该插手；民间可以以更低的成本提供的公共产品与公共服务，就由民间去提供；必须由政府提供的公

① 诺齐克．无政府、国家与乌托邦[M]．何怀宏，等译．北京：中国社会科学出版社，1991．

共产品与公共服务，政府在执行时应该受民众的监督①。具体到体育社会组织治理，它的有限性又体现在当前的治理改革只触及了行政体制机制中的工具方面，并未从根本上改变行政权力运行的布局和机制，也未能跳出行政经营的实质逻辑②。综上，体育社会组织治理的政府行为存在有限性。

第二节　体育社会组织治理的政府行为生成机制

一、渐进式的治理转型

中国独特的渐进式治理转型是当前政府行为逻辑的发生机制。渐进式的改革既要强调优化治理，又要保证稳定的政治社会秩序。因此，以行政工具的技术化改造规避深层次的体制机制矛盾就成了政府行为最合理的选择③。具体到体育社会组织发展，从“国家与社会”的传统分析范式来看，体育社会组织改革与发展实际上是国家对社会“分权让利”的过程，或者说是国家调整和放松对体育社会组织的控制的过程。政府主导体育社会组织发展的模式是一套具有强大控制力与约束力的体育行政管理体制，从改革实践来看，这套管理体制在逐步缩

① 刘瑞．政府经济管理行为分析[M]．北京：新华出版社，1998．

② 渠敬东，周飞舟，应星．从总体支配到技术治理——基于中国30年改革经验的社会学分析[J]．中国社会科学，2009（6）：104－127．

③ 黄晓春，周黎安．政府治理机制转型与社会组织发展[J]．中国社会科学，2017（11）：118－138．

小其管控及影响范围，但是仍然具有强大的制度惯性，体育社会组织的发展仍然面临着不小的阻力。改变这种状态最好的办法就是在保证体育部门既得利益和推进体育社会组织治理转型之间找到最佳的契合点，避免深层次的体育管理体制机制变革，实施技术化、制度化改革。

虽然体育治理体系和治理能力现代化为新时代体育社会组织治理转型提供了重要的内生动力，但是体育社会组织治理仍然面临着极其复杂的局面。从政府主导的一元体育管理转向多元主体参与的协同共治，不只是治理主体数量的变化，更是治理权分配和利益格局的结构性变革[①]。而且，体育社会组织与政府部门之间长期存在制度化的依赖关系，政府部门既要动员体育社会组织积极充当“帮手”“助手”，又时刻面临着较高的制度风险[②]。在社会组织执行领域，由于政策信号和发展路径较为模糊，而上级政府又掌握着修正、干预地方政府相关制度设计的“剩余控制权”。在这种情况下，渐进式的治理转型成为体育社会组织改革的首要选择。

二、政府主导治理转型模式

从“国家与社会”范畴来分析，国家对发育不完善的社会实施了总体控制，这就为治理转型设定了初始条件：①政府是改革的推动者；②政府行政体系会根据自身需要灵活处理政社互动关系。就体育社会组织治理转型而言，改革开放以来，政府主导的“举国体制”的优势推动我国体育事业取得了辉煌的成就。党的十八大以来，党和政府对

---

① 黄晓春，嵇欣. 技术治理的极限及其超越[J]. 社会科学，2016（11）：72－79.

② 吴磊，俞祖成. 多重逻辑、回应式困境与政策变迁——以中国社会组织政策为例[J]. 江苏社会科学，2018（3）：89－98.

社会组织参与现代社会治理给予了高度重视，要求各级政府部门激发社会组织活力，创新社会治理体制，但是政府主导的“举国体制”掩盖了市场和社会的价值，尤其低估了体育社会组织的地位。当体育社会组织难以满足体育治理转型的需要时，它只能依靠政府的力量维持生存，以技术理性为支配地位的政府行为的生成便有了充足的理由。体育社会组织与政府之间的这种依赖关系既保证了政府对体育社会组织发展方向的控制，又通过目标责任、民主决策与量化考核，强化了体育部门规范、科学和透明的政务公开机制，以更加规范、科学的方式干预和引领体育社会组织发展，在某种程度上消除了政府主导治理转型与体育社会组织治理之间的张力，平稳地推进体育社会组织的治理转型。

三、模糊的政策预期

模糊的政策预期是体育社会组织技术理性的政府治理行为的诱发机制。模糊的政策预期主要源自以下几方面。

首先，随着社会治理转型，以及社会组织在国家治理体系和治理能力现代化中的重要性不断彰显，越来越多的中央宏观政策涉及社会组织。该领域政策缺乏系统梳理，政策的核心逻辑存在多元导向，宏观政策的细化很难实现，因此形成了一个模糊性日增的政策领域①。

其次，地方政府采取行政发包的政策执行机制②。由于宏观政策暗含政策信号的模糊性，地方政府执行政策时采取行政发包的治理机制，也就是地方政府具有政策执行的自由裁量权，且自由裁量权由上一级

① 黄晓春. 当代中国社会组织的制度环境与发展[J]. 中国社会科学，2015（9）：146－164.

② 周黎安. 行政发包制[J]. 社会，2014，34（6）：1－38.

政府依次逐级下放，每一级政府对辖区内社会组织治理负责，上一级政府对治理绩效进行评估与激励。当体育社会组织治理无法在体育、民政等多个部门之间实现政策逻辑系统整合的时候，就容易导致相关部门根据自身利益选择不同的政策执行逻辑。

再次，从深层次看，渐进式治理转型强调优化治理，稳定社会秩序，这导致国家层面政策之间制度创新思路不统一，宏观政策具有模糊性，并在多种核心维度上暗含政策张力。例如，关于四类社会组织（行业协会商会类、科技类、公益慈善类、城乡社区服务类）直接登记，《中共中央关于全面深化改革若干重大问题的决定》已经明确四类社会组织成立时直接依法申请登记，但是在2016年修订的《社会团体登记管理条例》中并未提及。政策环境的核心逻辑不统一，就会导致体育社会组织治理的政策难以细化为可操作的流程，在缺少细则的情况下，政府和社会调节良性互动就面临着一定的操作模糊性，政策执行的效果评估难以细化为可测度的具体指标。为避免制度生产风险，地方政府政策实施者多采取“折中主义”的思路，这无疑进一步加剧了政策的模糊性。

治理转型中的模糊发包治理机制主要包括如下特点：政策框架蕴含多元逻辑，制度风险向下配置，弱激励。事实上，近年来，越来越多的理论研究者提出在模糊发包治理机制运转的政策领域消解模糊性的政策建议，中央政府对这一领域实施系统的制度安排。然而，前述宏观政策的模糊性实际上并非由于缺乏工具理性，其深层次背景是当代中国渐进式治理转型。渐进式治理转型的过程中，地方政府循序渐进地探寻制度变迁的均衡点，兼顾多元治理目标，国家倾向于把治理转型的任务发包给地方政府，鼓励其在实践中探索出符合中国特色、地方特色的有效路径。在这一过程中，为防止激励设置过强而导致激励扭曲现象，上级政府政策制定者通常会在这一改革领域设置弱激励。可见，模糊发包治理机制是中国社会渐进式治理转型的伴生物。

上述内容表明，国家层面的核心宏观政策逻辑存在政策张力，地方政府政策制定与执行存在碎片化现象，这些无疑诱发了技术理性政府行为。

表 3-1　发展社会组织的宏观政策文件

来源	文件	内容	时间
党的十八大	十八大报告	加快形成政社分开、权责明确、依法自治的现代社会组织体制	2012 年
党的十八届三中全会	《中共中央关于全面深化改革若干重大问题的决定》	激发社会组织活力	2013 年
国务院	《国务院关于加快发展体育产业促进体育消费的若干意见》	推行政社分开、政企分开、管办分离，加快推进体育行业协会与行政机关脱钩	2014 年
国家体育总局	《体育发展“十三五”规划》	创新体育社会组织管理方式	2016 年
党的十九大	十九大报告	打造共建共治共享的社会治理格局	2017 年
党的十九届三中全会	《中共中央关于深化党和国家机构改革的决定》	加快实施政社分开，激发社会组织活力，克服社会组织行政化倾向	2018 年
国务院办公厅	《国务院办公厅关于促进全民健身和体育消费推动体育产业高质量发展的意见》	体育社会组织符合直接登记条件的，可直接向民政部门依法办理登记。重点扶持一批运行良好、积极作为的基层体育组织	2019 年

四、“高风险、弱激励”配置模式

“高风险、弱激励”配置模式是技术理性政府行为的直接原因。社会组织的改革可能导致部门间的制度冲突、多部门间利益分化和利益调整，且具有挑战社会稳定性的可能。与上述高风险相对应的是弱激励的政策导向。政府内部的激励主要有财政激励与晋升激励两种。首先，社会组织领域并不存在财政分成，所以，财政激励不能发挥作用。其次，社会组织改革属于非紧要任务，虽然社会组织可以提供公共产品与公共服务，参与社会治理，但发展周期较长，且难以衡量。由于官员晋升高度依赖一些可测度的经济指标，作为“代理型政权经营者”①和“谋利型政权经营者”②的政府，偏重经济建设与投资拉动，忽视文教卫体等社会支出③，对不在考核范围内的或者不易测度的公共体育服务等社会事务缺少足够的重视。因此，当前实现社会组织治理转型与晋升激励关系不大。

体育社会组织治理同样存在“高风险、弱激励”的问题。对体育行政部门来说，与竞技体育相比，体育社会组织改革显得“可有可无”，“说得过去就行”，尤其是对单项运动协会的改革可能会触及相关部门的既得利益，形成潜在的威胁；对于草根体育社会组织来说，从国家与社会的二元理论范式来看，体育社会组织改革可以被看作国家对社会“分权让利”的过程，要避免社会领域中出现独立于政府的民间组织；对民政部门来说，体育社会组织的改革与发展是其工作中很小的

---

① 张静. 基层政权：乡村制度诸问题[M]. 杭州：浙江人民出版社，2000.

② 杨善华，苏红. 从“代理型政权经营者”到“谋利型政权经营者”——向市场经济转型背景下的乡镇政权[J]. 社会学研究 2002，16（1）：17－24.

③ 刘雨平. 地方政府行为驱动下的城市空间演化及其效应研究——基于“理性选择”的分析视角[D]. 南京：南京大学，2013.

一部分，对整体工作业绩影响不大。非对等的风险激励模式导致政府部门推进体育社会组织治理转型的动力不强。为规避风险，避免触及深层的体育管理体制机制，政府普遍采取技术理性政府行为。根据对某基层文化部门负责人的访谈，该基层政府的文化部门负责本级体育社会组织的发展，按照上一级政府的要求支持成立老年体协、农民体协等组织，但是由于缺乏人员与资金，对于本属于“大文化”概念的体育社会组织的发展无暇顾及。造成这种局面的最根本原因还是体育社会组织治理的弱激励问题。

在控制权行使方面，体育社会组织治理的检查验收多是低强度的评估。地方政府对体育社会组织治理的检查与评估多采用与社区治理“打包”的原则，也就是将体育社会组织治理与社区治理的绩效指标结合起来进行考核评估，仅设置了一些缺乏识别度的象征性考核指标，导致绩效评估仪式化，不能以评促建，无法推动体育社会组织治理转型。

综上所述，体育社会组织治理政府行为的生成机制（图 3－1）源于我国渐进式治理转型，中央政府对社会组织治理改革采取行政发包制，地方政府拥有政策执行的自由裁量权。为防止激励设置过强而导致激励扭曲现象，政策制定者通常会在这一改革领域设置弱激励。非对等的风险激励模式导致政府部门推进体育社会组织治理转型的动力不强。因此，为规避风险，避免触及深层的体育管理体制机制，政府普遍采取技术理性政府行为。

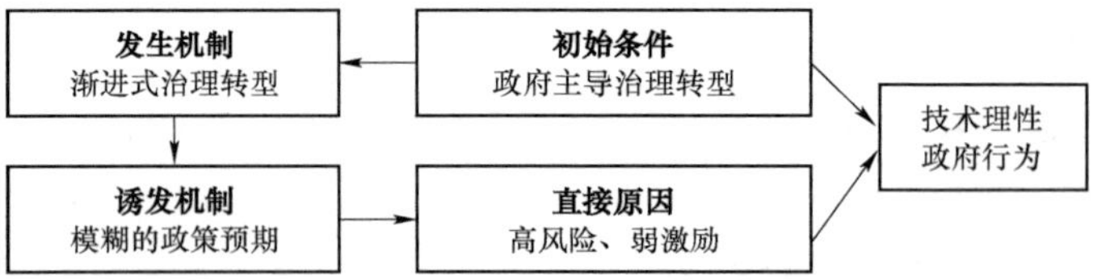

图 3－1　体育社会组织治理政府行为的生成机制

第四章
政府行为逻辑下体育社会组织治理的策略选择

第一节　我国体育社会组织管理的纵向梳理

党的十八届三中全会以来，社会组织治理成为地方政府治理的重要命题。然而，中央层面的社会组织治理改革却进展缓慢，饱受学界与实践诟病的双重管理制度仍在使用。与此同时，在部分经济较发达的省市如上海、江苏、深圳、南京、广州，当地政府尝试降低社会组织登记门槛，并以“规定”“通知”等地方性法规的方式探索直接登记、备案制等。地方政府在社会组织管理方面的创新主要体现为政府支持、经费自筹、能够向公众提供公共产品与公共服务的营利性社会组织的“直接登记”改革。地方政府主要从三方面实施了社会组织治理改革。第一，行业协会商会类、科技类、公益慈善类、城乡社区服务类四类服务性社会组织无须挂靠业务主管单位并征得其同意，可直接向民政部门申请登记；第二，登记审批权限下放至县级及以上民政机关；第三，登记机关提升登记管理服务与监管水平。

为了客观考察我国体育社会组织在不同历史阶段的发展历程，本节参照体育史研究领域的分期方法，对中华人民共和国成立以来我国体育社会组织发展的不同阶段进行归纳和分析，力求通过这种深度的历史反思发现隐藏在深处的阻碍体育社会组织治理的体制机制问题，从而为新时代我国体育社会组织治理提供历史借鉴和现实启示。

一、行政管控

（一）政社同构模式下的破旧与整合

诚如俞可平先生在《中华人民共和国六十年政治发展的逻辑》中所言，中华人民共和国成立初期，所有涉及民众社会生活的民间组织全部纳入官方管辖范围。中华人民共和国成立初期，国家为了巩固新生的国家政权，依据社会主义价值评判标准，对不同类型的体育社会组织进行了整体性把控，清理整合、重新甄别，并在总体性控制原则下将符合社会主义价值标准的体育社会组织全部纳入官方管辖范围，将不符合社会主义价值标准的体育社会组织坚决取缔，以避免出现独立于政府的民间组织。

1. 旧社团的清理和整合

中华人民共和国成立初期，党和政府坚决取缔威胁社会安全的体育社会组织，先后出台了《社会团体登记暂行办法》和《社会团体登记暂行办法实施细则》，对诸如体育公益性组织、体育项目协会组织、体育学术研究组织，以及积极拥护中国共产党领导的体育社会组织依法登记，并采取“政社同构”的策略，将其改造成符合社会主义性质和作用的体育社会组织[①]。后来，中华全国体育协进会改组为中华全国体育总会，它作为一个业务机构，隶属于原中华人民共和国国家体育运动委员会（以下简称“国家体委”）。

2. 新社团的管理与控制

中华人民共和国成立以后，为改善民众生活，促进社会发展，党和政府采取了“体制促进”的策略，创建了“新型体育社会组织”。据相关数据统计，仅在 1964 年就有中华全国体育总会等 8 个全国性体育社会组织成立，政府还直接创立（或倡议设立）了行业体协（如煤矿体协、火车头体协等），而同时期其他行业及领域成立的社会组织总数也不过 12 个[②]。这些体育社会组织在当时对稳定社会秩序发挥了特殊的作用，为改善民众的文体生活、促进竞技体育发展奠定了极其重要的基础。

（二）中华人民共和国成立后体育社会组织的管理

中华人民共和国成立后体育社会组织的发展基本受行政体系的管理，各级各类体育社会组织是政府体制内的产物，因此，这一时期体育社会组织最为突出的特征就是行政性。

1. 高度行政化的组织管理

中华人民共和国成立后，国家通过一系列的顶层设计与制度安排，

---

① 黄亚玲．中国体育社团的发展——历史进程、使命与改革[J]．北京体育大学学报，2004，27（2）：155－157．

② 王名，何建宇，刘国翰．中国社团改革：从政府选择到社会选择[M]．北京：社会科学文献出版社，2001．

对社会资源进行全面吸附与垄断，并对社会组织进行了有效的管理。作为社会组织的重要成员，体育社会组织的所有活动都是重建社会秩序的重要组成部分，政府对于一切试图超越政府部门的行动逻辑，以及不符合时代发展、缺乏政治合法性的活动予以取缔和注销①。这种行政化、单一化的管理模式使社会组织失去了独立性，实现了对体育社会组织快速而有效的整合，净化了体育社团队伍。这一时期的体育社会组织具有鲜明的时代烙印，在这种一元体制下，政府取得了对体育社会组织的控制权，体育社会组织在责、权、利方面与政府高度一致。这种行政化管理模式在中华人民共和国成立之初确实发挥了重要作用，但随着时代的发展，其历史局限性不断显现。

2. 组织类型单一，规范程度低

中华人民共和国成立后，国家对社会组织进行了培育并促进其发展，体育社会组织的数量较中华人民共和国成立前显著增长，规模显著扩大，但性质与类型却不约而同地呈现出统一的“官办”特征，无论是全国性的体育人民团体、体育行业协会，还是地方性的政府主导下的体育社会组织，无不具有显著的官方特征。而当时，民间自发形成的体育社会组织没有政治合法性，生存空间受到挤压。所以，这一时期的体育社会组织发展呈现出类型单一、政府依赖的发展形态。

尽管国家出台了《社会团体登记暂行办法》予以规范，体育社会组织本身也制定了内部规章制度，建立了权力机构（会员代表大会）、决策机构（理事会）和执行机构（秘书处）的内部治理结构框架，但

① 韩慧，郑家鲲．新中国成立 70 周年我国体育社会组织发展：历程回顾、现实审思与未来走向[J]．体育科学，2019，39（5）：3－12．

这一时期体育社会组织的实际运作并不规范。以体育行业协会为例，自愿性和自治性本应是体育社会组织的基本特征，然而，在实际运作中，体育行业协会受各级政府主导，政府以发布红头文件的形式指导各项职工体育活动，体育行业协会对于普通群众抑或行业职工的加入进行严格的考察。因此，这一时期体育社会组织并没有按照相关制度得到规范治理，而是计划经济体制下行政部门的延伸。

二、双重管理

1978 年改革开放之后，国家根据单位体制松动、公众参与意识增强及社会变革与发展的需要，适时发布了《社会团体登记管理条例》《民办非企业单位登记管理暂行条例》和《基金会管理办法》等行政法规，改变了中华人民共和国成立以来实施的将体育社会组织纳入行政管理体系的制度。为了逐步实现我国体育社会组织宏观管理的制度化、规范化和良序化，归口登记、业务主管单位与民政部门双重负责、分级管理的基本原则得以构建，自此，我国政府对体育社会组织的双重管理体制得以建立。

（一）双重管理体制的建立

改革开放后的 10 年是我国体育社会组织成长的重要战略机遇期，全国性体育社会组织在这一时期逐渐复苏，仅 1979 年就成立了 14 个全国性体育社团。快速发展的社会组织对我国经济、政治和社会的影响力逐步提高。如何将快速发展的社会力量有效地控制在国家政权框架内并对其实施有效的监管，成为各级政府面临的重要问题。随后，相关法规制度出台。为了强化对社会组织的监管，在 1950 年发布的《社会团体登记暂行办法》的基础上，国家发布了第二部针对社会组织的法规《社会团体登记管理条例》，该条例明确规定，社会团体的登记管理机关是中华人民共和国民政部（以下简称民政部）和县级以上地方各级民政部门。社会团体的业务活动受有关业务主管单位的指导，登记管理机关的监管职责与年检制度得以明确。将社会组织统一纳入民政部门进行监管，有利于强化业务主管单位和登记管理机关的审查监督。由此，社会组织双重管理体制初步形成。

为了保障改革的顺利推进，针对社会组织内部管理存在的根本性问题，20 世纪 90 年代中后期，国家对社会组织进行了第二次大规模清理整顿，于 1998 年 10 月发布了修订后的《社会团体登记管理条例》，以及《民办非企业单位登记管理暂行条例》，这两部社会组织管理法规进一步强化了“归口登记、双重负责、分级管理”的双重监管体制。至此，体育社会组织双重管理框架构建完成，确立了国家行政权力对社会组织的监管。我们从正反两方面来看待双重管理体制的建立。一方面，国家规范了体育社会组织的发展，解决了特定时期社团管理中存在的棘手问题；另一方面，双重管理体制一定程度上剥夺了体育社会组织的自主权，并且限制了自发性体育社会组织的发展与其合法身份的获得。当然，这种趋势也与社会发展的需要和全球结社革命高度契合。

（二）改革开放后体育社会组织的发展

双重管理体制有其存在的时代合理性，在一定时期规范了社会组织的发展路径。在市场经济的大背景下，依靠双重管理体制，我国体育社会组织经历了一个由复苏到快速发展且不断多样化的过程。我国体育社会组织数量和规模的变化轨迹诠释了我国体育社会组织的制度化发展和民间化形成的表征。

改革开放后，在政府职能转变与市场经济体制的双重作用下，我国体育社会组织获得了发展的动力源泉，且生存空间逐步扩大，数量显著增长，类型日益多样化。20 世纪 90 年代中期，自发形成的群众性体育社会组织开始大量出现，且具有“独立性”与“自治性”的特征，官办体育组织与民间体育组织共存，彰显了大众多元的体育需求，是全球结社革命的必然结果。

体育社会组织的发展在得到体制内自上而下的支持和满足全球结社需求的同时，对政府的监管也提出了新的挑战。1998 年 6 月，民政部将社会团体管理司改为民间组织管理局；2000 年 11 月，国家体育总局、民政部发布了《体育类民办非企业单位登记审查与管理暂行办法》；2001 年 9 月，国家体育总局发布了《全国性体育社会团体管理暂行办法》，实现了体育社会组织发展的规范化与制度化。

（三）体育社会组织实体化改革

20 世纪 90 年代，国家体委（1998 年 3 月改组为国家体育总局）根据政府机构改革的总体要求重建体育项目协会机构。1994—1997 年，国家体委通过构建“运动项目管理中心+单项运动协会”的模式进行机构改革。自此，我国体育社会组织治理改革拉开了序幕。这一时期，我国体育社会组织的治理改革实践主要围绕以下内容展开。

1. 体育社会组织实体化改革

20 世纪 80 年代后期，实体化改革是体育社会组织治理的主要内容。1985 年，国家体委确定了体育项目协会“实体化”的改革目标。

1986 年，国家体委发布了《关于体育体制改革的决定（草案）》，并提出将具备条件的部分体育项目协会由官办逐步转变为“半权力”和“半咨询”性质的机构。1988 年，国家体委对群众基础较好的足球、武术、拳击、登山、棋牌、摩托车 6 个单项运动协会进行独立经营的实体化（半实体化）试点改革。到 1992 年，基于之前的改革探索，国家体委提出建立具有中国特色的项目协会制的构想，并选定 12 个单项运动协会（足球、网球、围棋、桥牌、武术、登山、拳击、摩托车、国际象棋、中国象棋、铁人三项和体育舞蹈）进行了实体化试点改革，又根据过渡期的实际需要，进行了项目综合管理与协会专项管理多种形式的改革①。

2.“中心+协会”模式的构建

国家体委按照国务院行政机构改革的具体要求，依据“有领导、有依托、有层次”的总体原则逐步实施项目协会实体化改革，在 1994 年和 1997 年进行了两次机构调整，通过构建“运动项目管理中心+单项运动协会”的模式，共成立了 20 个直属事业单位性质的运动项目管理中心，并将其作为各单项运动协会的常设办事机构②。与中华人民共和国成立初期的项目协会和体育行政部门同构的管理模式相比，“中心+协会”模式颠覆了传统的管理逻辑，虽看似缓解了政府过多干预社会组织发展的现象，但这种管理模式并没有真正实现体育社会组织的独立运作，各单项运动协会依然是依托运动项目管理中心来运作，即所

① 何强. 转变体育发展方式进程中的项目协会改革[J]. 北京体育大学学报，2015，38（1）：15－24.

② 史康成. 全国性体育社团从“同构”到“脱钩”改革的路径选择[J]. 北京体育大学学报，2013，36（12）：1－5.

谓的“一套班子，两块牌子”。尽管没有实现真正的治理改革，但这一管理模式为地方体育社会组织治理提供了经验，即在国家宏观政策与地方策略之间找到最佳契合点，既执行了上级政府关于机构改革的总体任务，又没有承担制度带来的风险。

三、分类管理

为转变政府职能，建设服务型政府，向公众提供公共产品与公共服务，国家对社会组织治理进行改革创新。公共产品供给和公共体育服务与公众健康息息相关，体育治理被各级政府广泛关注，而作为最能反映大众体育诉求的体育社会组织的治理就成了各级政府首要的改革命题。过去的行政化管控理念与社会治理转型不适应，双重管理体制也存在很大的弊端。面对上述治理难题，国家体育总局在遵循《社会团体登记管理条例》《民办非企业单位登记管理暂行条例》和《基金会管理条例》的基础上，通过策略性的手段，实施了不同的选择性的治理策略——分类治理，推动体育社会组织的治理创新。国家体育总局针对不同类型与特点的体育社会组织建立起了“分类管理”的模式：对市场化运作程度较高、群众基础好、有充足经营性收入的体育社会组织（如足协）实行自收自支；对市场化运作程度不高但群众基础较好、且有一定收入的体育社会组织（如排协）实行差额拨款；对市场化运作程度低、无稳定收入的体育社会组织（如田协）实行全额拨款。

（一）体育社会组织分类监管制度的形成

在社会结构变化要求建立服务型政府的新形势下，中央政府和地方政府对于体育社会组织在实现社会治理转型中的作用达成共识，对发展体育社会组织的态度发生了根本性的改变。但在推动体育社会组织治理转型的过程中，政府面临两难的境地。其一，对于自上而下的科层式行政化体育社会组织而言，如果不能实现政社分开，与体育行政部门脱离关系，体育社会组织的外部治理环境就无法改善，组织的自主性必然受到影响，自主发展空间也就无从谈起。如果实现了政社分开，又唯恐出现对体育社会组织管控的缺失，进而使体育行政部门的主导地位受到挑战。其二，对于那些如雨后春笋般出现的草根体育社会组织来说，自由结社是法律赋予大众的权利，政府无权限制其发展。问题是，按照社会组织管理办法，这些草根体育社会组织由于自身原因，不具备登记注册成为合法组织的条件，而不登记就无法被监管。因此，中央及地方体育行政部门面对这种两难选择，只能采取技术理性的治理行为，用技术化的手段，针对不同类型的体育社会组织提出了“分类监管”的治理构想。这里的分类监管指的就是体育社会组织承认政府的主导地位，假设政府为理性人。体育社会组织既具备服从政府与组织集体行动的能力，又具备提供公共体育产品与服务的能力，由此形成了政府对不同类型体育社会组织的不同监管策略①。

由治理实践可知，政府对不同性质的体育社会组织采取不同的治理模式。不同省区针对利益表达性的、反映公众体育诉求的体育社会组织，以及提供公共体育产品与服务的社会服务性体育组织，采取了完全不同的治理模式。例如，为降低或消除对一些体育社会组织设置的登记限制，北京、上海、广东、江苏、浙江等地政府已

---

① 王向民．分类治理与体制扩容：当前中国的社会组织治理[J]．华东师范大学学报（哲学社会科学版），2014（5）：87－96．

针对不同类型的体育社会组织探索出了直接登记制与备案登记制相结合的分类治理策略。对新成立的公益慈善、社会服务等类别的体育社会组织实施直接登记管理，无须业务主管单位同意。对不符合登记条件的上述类别的体育社会组织实行属地备案制。可以说，分类治理技术性地解决了政府对体育社会组织监管的难题，获得了行政合法性，比单纯的行政控制更具现实意义，体育社会组织的灵活性和主动性普遍得到增强。随着党的十八大“加快形成政社分开、权责明确、依法自治的现代社会组织体制”“引导社会组织健康有序发展”目标和方向的提出，全国各地陆续发布了关于社会组织管理制度的政策文件。

社会组织分类监管框架的构建，实质上提出了社会组织治理的两个政治前提。第一，对权威主义政府而言，社会组织具有双重属性：一方面，它是一种挑战力量，因为社会组织是最有力的集体行动的载体之一；另一方面，它又是一种辅助力量，因为社会组织可以为社会提供公共物品[①]。基于此，国家对社会组织必然进行一定的控制或功能替代[②]，当代中国不存在“不受制于权力支配的自由社团”[③]。第二，在社会转型期，为实现“民生政治”，建立“服务型政府”，政府必须提供多样化的社会公共产品与公共服务。因此，应在国家权力控制与社会组织提供公共产品与服务之间寻求服务性社会组织的治理方式。

① 康晓光，韩恒. 分类控制：当前中国大陆国家与社会关系研究[J]. 社会学研究，2005（6）：73－89.

② 邓正来，亚历山大. 国家与市民社会：一种社会理论的研究路径[M]. 增订版. 上海：上海人民出版社，2005.

③ 王名，乐园. 中国民间组织参与公共服务购买的模式分析[J]. 中共浙江省委党校学报，2008（4）：5－13.

社会组织政治敏锐度不高，因此政府多采取柔化与技术性的手段对其进行控制。在降低社会组织登记门槛的当下，对服务性社会组织的控制主要表现为防止全国性或行业性组织联盟的形成。

（二）体育社会组织治理的发展

1. 体育社会组织的稳定发展期

2001—2012 年是我国体育社会组织的稳定发展期，除了体育社会团体、体育民办非企业、体育基金会稳定发展外，还有大量的民间体育社会组织在基层发展起来，对广大群众的健康生活方式影响深远。这一时期，体育社会组织的发展以过去单纯数量的增长转变为数量和质量的同步提高。截至 2012 年年底，我国共有民政部门登记注册的体育类社会组织 23 584 个，占社会组织总量的 5%。其中，体育类民办非企业单位 8490 个（与 2001 年相比增长了 11.9%），体育社会团体 15 060 个（与 2001 年相比增长了 33.4%），体育基金会 34 个（与 2001 年相比增长了 44.1%），并仍以每年 10%的速度增长。同时，体育行政部门积极探索体育社会组织的创新管理机制，使体育社会组织的服务能力不断增强。

2. 体育社会组织的快速发展期

2013 年，党的十八届三中全会审议通过的《中共中央关于全面深化改革若干重大问题的决定》对社会组织管理体制改革做出了专题部署，对社会组织参与国家与社会治理的作用和功能给予了高度认可。这一前所未有的顶层设计不仅为社会组织创造了良好的发展条件和外部空间，更为体育社会组织进入“增速发展期”提供了坚实的政策保障。据统计，截至 2013 年年底，我国体育类社会组织稳步发展，全国体育类社会组织共 23 590 个，占社会组织总量的 5%。其中，体育社会团体 15 059 个，体育类民办非企业单位 8490 个，体育基金会 41 个[①]。同时，在基层还活跃着大量获得属地备案许可和未获得属地备案许可的草根体育社会组织（又称自发性体育组织或非正式体育组织）。

（三）体育社会组织分类监管实践

1. 官办体育社会组织的“脱钩”改革

为建立政社分开、权责明确、依法自治的现代社会组织体制，国家体育总局对全国性体育社团提出了从“同构”到“脱钩”的改革目标，全国性体育社团去行政化改革被提上了议事日程，市场化及商业化程度较高的项目协会率先实施。截至 2019 年，全国性行业协会商会整体“脱钩”率为 53.1%，体育总局为（原）业务主管单位的 89 家国家级体育协会“脱钩”率为 23.6%[②]。地方官办体育社团的“脱钩”改革同步实施。2015 年，广东省足球协会与体育局“脱钩”，2016 年，中国足球协会与足球运动管理中心“脱钩”。总体来说，国家体育总局逐步对全国性体育社团实施去行政化改革。

① 李雪颖. 民政部推进改革发展激发体育社会组织活力[EB/OL]. [2021－08－06]. https://www.sport.gov.cn/n20001280/n20745751/n20767239/c21867523/content.html.

② 国家发展和改革委员会. 关于全面推开行业协会商会与行政机关脱钩改革的实施意见[EB/OL]. [2021－07－26]. www.gov.cn/xinwen/2019－06/17/content_5400947.htm.

2. 体制内吸纳

自发性群众体育组织与官办体育社团的境遇大不相同，由于其毫无“官办”性质的自发形成背景，自成立之初就被双重管理体制阻挡在合法的大门之外。然而，随着社会治理的创新及体育治理体系和治理能力的现代化建设，自发性群众体育组织作为最能反映大众体育诉求的基层组织，政府对其态度发生了前所未有的改变，逐步选择性地接受了它们的存在，并在提供公共体育产品与服务的过程中通过体制内吸纳的方式实现了对这类组织的监管。其一，改革与完善登记备案制。对那些游离于行政体系之外的、由于无法得到业务主管单位的同意而不具备登记条件的自发性群众体育组织，如一些活跃于城乡的老年健身组织，通过实行属地备案制来解决其行政合法性问题。一些省份针对培育与发展自发性群众体育组织进行了有益的实践，对自发性群众体育组织采取“先发展、后规范、后备案、后登记”的办法，使培育和发展体育社会组织与解决其合法性问题同步进行。其二，实行民政部门直接登记制度。具备独立法人条件的服务类体育社会组织，可以通过向民政部门申请直接登记的方式来解决其合法性问题。例如，2012 年 4 月，广东省率先出台的《关于进一步培育发展和规范管理社会组织的方案》规定，放宽社会组织准入门槛，简化登记程序，申请成立社会组织，由民政部门直接审查登记。对自发性群众体育组织进行体制内吸纳，可以更好地为公众提供多元化的公共体育产品与服务，更重要的还在于可以将其纳入政府的监管，避免这一体制外的力量过分集结。也就是说，对体育社会组织的“控制”是为了防止草根体育社会组织挑战政府权威。通过培育可控的民间体育组织体系，并利用它们满足公众对体育的需求，可以避免社会上出现独立于政府的、有可能挑战政府权威的民间组织[①]。这样的技术理性政府行为既是对中央政府关于建立现代社会管理体制的宏观政策的实施，又消除了潜在的挑战政府权威的威胁。

第二节　政府行为逻辑下体育社会组织治理策略选择

一、以国家宏观政策为导向

技术理性政府行为决定了体育社会组织改革的路径选择。作为社会发展的重要组成部分，体育事业发展需要与国家治理转型的宏观政策导向一致，处于各级政府政策执行端的体育行政部门需要严格贯彻社会组织改革相关政策精神。20 世纪 90 年代，国家制定了“政社分开，管办分离”的宏观政策，为了竞技体育的可持续发展和“奥运争光”战略的实施，国家体委在遵循国家宏观政策的同时，以行政发包中自由裁量权的灵活策略推动实施了协会实体化改革，成立了各运动项目管理中心，赋予运动项目管理中心一定的行政管理职能。这种“一套班子，两块牌子”的模式既实现了“管办分离”，又“借”社会组织之“道”，解决了体育行政体系改革问题。体育行政部门通过人员控制主导各项目协会的运行，使潜在的治理风险得到有效的控制，而

① 康晓光，卢宪英，韩恒. 改革时代的国家与社会关系：行政吸纳社会[M]. //王名. 中国民间组织 30 年：走向公民社会. 北京：社会科学文献出版社，2008：287－337.

且其“公共服务助手”的角色为其存在提供了合法性依据，但是，体育社会组织内部治理结构形同虚设，组织内部的权力机构、决策机构和执行机构应有的职能无法发挥。

我国依据《国务院机构改革和职能转变方案》，按照“总体设计、分类指导、梯次推进、配套改革”的原则，积极稳妥地逐步推进和深化全国性体育社会团体的“脱钩管理”“管办分离”。党的十八大以来，在加速实现“政社分开”、社会组织治理转型等宏观政策的持续推动下，国务院提出了《中国足球协会调整改革方案》。该方案高度重视足球改革和中国足球协会改革在体育改革中“突破口”“试验田”的定位和意义，引领推进中国足球协会改革与体育社会组织改革的衔接和统一。方案提出的“破立结合，以立促破”“统筹设计，分步推进”的改革思路为技术治理设定了发生机制，在以国家宏观政策为导向和技术理性治理之间找到了最佳契合点。一方面，要形成“依法自治、民主协商、行业自律”的公益性质的社会组织；另一方面，要先立后破或以立促破，破立结合，防止前后脱节，形成政策真空。此外，还要深入研究和处理好改革过程中的政策过渡和衔接问题。该方案表明，以国家宏观政策为导向，实施技术理性的治理符合当下体育社会组织改革需求，为体育社会组织改革指明了方向，但是，当前的策略选择无法破解阻碍体育社会组织治理转型的体制机制难题，影响了体制存量重构，延缓了体育治理现代化目标的如期实现。

二、政府依赖型发展

自 20 世纪 90 年代市场经济体制改革以来，转变政府职能，调整政社关系，“政社分开”成为改革方向。党的十八大又明确提出“政社分开，权责明确、依法自治的现代社会组织体制”，但是，在实践过程中，政府对社会组织的控制惯性与社会组织对政府的依赖并没有实质性的改变。

体育社会组织对政府的高度依赖主要体现在以下两方面：一方面，绝大多数体育社会组织都是通过“自上而下”的方式，在体育行政部门授意下成立的，特殊的生成方式注定了体育社会组织治理必然高度依赖政府部门；另一方面，强大的制度约束使体育社会组织的改革面临困境。政府部门对于民办非企业体育社会组织的注册、业务范围、监督机制等技术治理手段使体育社会组织很难独立自主地发展，而政府依附性手段是最稳妥的选择。例如，地方政府为规避风险、减轻财政压力，对于社会组织发展设置“隐性进入壁垒”。对公益慈善类、社会服务类、体育生活类、枢纽型体育社会组织发展普遍持鼓励态度，将其视作公共体育服务的辅助手段①；减少弱激励的影响，将培育与发展草根体育社会组织纳入社区建设指标体系，采取工具主义的方式治理体育社会组织。这种方式必然引发“属地”体育社会组织治理思路，各基层政府优先发展在本地注册的社会组织。因此，体育社会组织政府依赖式发展是一种必然的策略选择。

购买公共体育服务的实践置于复杂的科层制度环境中，行政网络嵌入是体育社会组织发展面临的制度性障碍，体现的是政府行政管理体系对体育社会组织的基本制度逻辑。例如，《关于××市社会团体经费管理暂行规定》提出，社会团体控购商品指标由市控购商品办公室下达给社会团体主管部门，社会团体需购置控购商品时，应报业务主

① 上海市体育局. 构建上海市体育社会组织枢纽式管理的新格局[EB/OL]. [2021-10-09]. http://sports.china.com.cn/chanye/detail2_2015_12/28/826941.html.

管单位，经同意后报市控购商品办公室审批。

基层政府将体育社会组织的发展嵌入社区建设框架，属地化发展就会表现得尤为明显。由于属地内公共体育服务需求高度相似，附属于地方政府行政网络的属地内的体育社会组织，为获取政府资源，形成了组织结构与类型高度相似的社会组织，严重影响了体育社会组织的多元化发展。在当前体育治理创新中，各地方政府担负着“孵化”“培育”辖区内体育社会组织的重要责任，所以各地方政府之间在搜寻服务承接者方面，存在着排他性的竞争，一定会优先安排在辖区内注册的体育社会组织承接相应的公共体育服务。辖区内属地资助、购买偏好，这样的购买逻辑会加速公共体育服务外包市场条状化分布，体育行政部门依照自身目标函数或约束条件来选择承接方，实质性的公共体育服务外包市场竞争机制难以发挥作用。

购买公共体育服务时，另外一种值得重点关注的现象就是“圈内”购买。“圈内”购买使体育社会组织成了政府部门的延伸，体育社会组织实质上是政府的下属单位，无法改变资源配置的传统利益结构[①]。进入“圈内”的体育社会组织与政府是一种正式或非正式的依赖关系。大多数政府体育行政部门的合同管理能力较弱甚至监管缺位，不定期检查或事后由承接方提交一份总结报告的传统监督方法已经不能满足需要。因此，为了保证公共体育服务的质量与供给效率，政府往往选择有良好、稳定合作关系的体育社会组织。

当体育社会组织的发展高度嵌入行政网络时，组织目标与组织运行模式与地方政府管理高度契合，其自我协调机制就难以形成。即使

① 从湖平，卢伟. 政府购买公共体育服务的模式、问题及建议——基于苏、浙、沪、粤等省市的调研[J]. 体育科学，2016，36（12）：11-17.

部分体育社会组织拓展活动空间，也只是借助行政网络支持，很难做到通过社会组织间的横向合作来拓展业务空间。这样，体育社会组织的发展必然出现“缺乏活力”与“依附性强”的现象，被民政部门评为数量少、活力弱、作用差的社会组织之一也就不足为奇了[①]。参与公开竞争招标购买公共体育服务，能够承接高水平服务的体育社团很难找到[②]。高度分割的公共体育服务市场、竞争力缺失的体育社会组织的生态结构难以承担公共体育服务的重任成为一种必然趋势。政府购买公共服务就是期望通过市场竞争的方式提高效率、降低成本，而公共服务外包的效率收益主要源于竞争范围的扩大[③]。

因此，“就近”与“圈内”购买是特定时期的替代性的弥补机制，看似解决了“政府失灵”的问题，实际上，它使体育社会组织的发展高度嵌入行政网络，有序的市场竞争体系无法形成。虽然各级政府都知道体育社会组织独立运作的重要性，但这种高度嵌入行政网络的体育社会组织治理模式，对于可能牵动整体改革和公共投入模式转变的“存量问题”均选择了回避。

三、绕开存量，培育增量改革

增量改革与存量改革是相对应的改革模式。存量改革是打破传统体制的基础与支撑，能够彻底实现制度重构；而增量改革则是在传统

① 唐文玉．社会组织公共性：价值、内涵与生长[J]．复旦学报（社会科学版），2015，57（3）：165－172.

② 郭修金，戴健．政府购买体育社会组织公共体育服务的实践、问题与措施——以上海市、广东省为例[J]．上海体育学院学报，2014，38（3）：7－12.

③ 沙．公共服务提供[M]．孟华，译．北京：清华大学出版社，2009.

体制的边缘或末端进行局部修正，降低旧体制边际效益递减，实现新体制边际效益递增，避免增量的积累因偏离路径依赖的逻辑而产生系统风险，逐步对制度进行重构，并避免社会秩序出现混乱。“绕开存量、培育增量”是改革开放以来我国体制路径变迁所遵循的一种“双轨制”逻辑，即在一定程度上保持体制内现有存量的前提下，发展传统体制之外的增量；在绕开存量和培育增量过程中形成结构性的变迁动力，使存量部分逐步发生转化，从而实现社会治理结构逐步转型。由于我国社会组织特殊的“自上而下”的形成背景，选择改革路径要十分慎重。社会转型期选择废除“管控型”制度存量将面临极大的挑战与社会风险。相反，通过培育和发展体制之外的增量，通过增量的积累逐步压缩体制内的存量空间，形成结构性的变迁动力，从而实现制度重构则是现阶段的最佳选择。

体育社会组织治理作为社会治理改革的重要组成部分，也遵循了“绕开存量，培育增量”的改革思路。长期以来，“自上而下”的特殊生成机制使国家对体育社会组织的监管沿袭了科层式的行政管理。虽然在经济社会转型过程中，政府对体育社会组织的控制关系发生了调整与松动，但是深厚的体制存量已然形成。20 世纪 90 年代，为贯彻落实“政社分开，管办分离”的宏观政策，国家体委实施了协会实体化改革，将“虚化”的项目协会转变成实体化的社团法人组织，但也没能突破存量制度的空间。党的十八大以来，国家体育总局按照统筹规划、试点先行、分类推进、分步实施的改革思路，实施体育社会团体单向度的“脱钩”和去行政化，采用备案制度解决草根体育社会组织的“合法性”问题，这些都是在原有制度惯性下对体育社会组织实施的技术理性治理行为。

“绕开存量，培育增量”的行动策略引发了政府对基层体育社会组织的项目化扶持思路。第一种是政府将基层体育社会组织的发展嵌入基层社区治理网络，使其在社区治理、公共产品与公共服务供给中拥有话语权，占据合理的制度性位置，但这种方式需要地方政府实施深层次的体制改革并进行整体的制度框架设计，同时承担相应的制度生产风险。第二种是采取项目化委托服务的方式来扶持体育社会组织的发展。这种方式既可以避免与基层的治理机制发生矛盾，又可以避免制度生产风险。

下面以北京市将体育总会建成枢纽型体育社会组织改革为例进行说明。将体育总会建成枢纽型体育社会组织，为破解长期阻碍体育社会组织合法地位获得的双重管理体制制度障碍提供了可能路径。将体育总会转型为枢纽型组织，使其对体育社会组织发展进行指导与孵化，并作为体育社会组织与政府之间联系的纽带，既可以降低体育社会组织在民政部门直接登记注册的潜在风险，又可以将体育行政部门从繁杂的体育社会组织一般业务管理中解脱出来，使其专注于为体育社会组织服务，降低治理成本。尤其关键的是，即便体育社会组织仍需挂靠业务主管单位，但是其终端止于体育总会，就不会增加体育行政部门的压力。因此，将体育总会建成枢纽型体育社会组织，为摆脱双重管理体制存量约束提供了技术化渠道和多元化解决路径。虽然 1993 年《国家体委关于深化体育改革的意见》就明确提出体育行政部门要按照精简、统一、效能的原则，转变职能，调整内设机构，实行政社分开，将大量事务性工作交给事业单位和社会团体，把工作重点真正转移到宏观调控上来，达到重塑政社关系的目的，但是由于政府主导型体育管理体制强大的制度惯性，重塑政府与体育社会组织关系的进展缓慢。将体育总会建成枢纽型体育社会组织既实现了体育治理改革，又能保持稳定发展的大局，是治理转型稳妥推进的较佳路径。将体育总会建成枢纽型体育社会组织，为重塑政社关系提供了组织载体，降低了政府实施政社分开可能引发的管理失控风险。体育总会承接体育社会组织业务管理职能，使体育行政部门的职能定位更加科学，监督职能加强，从而为重塑政社关系提供了基本依据①。

四、嵌入式监控

以技术理性政府行为对体育社会组织进行嵌入式监控，是体育社会组织治理的重要特征。这一政府行为来源于我国特殊的“自上而下”的单项运动协会的生成机制，以及草根体育社会组织的现实困境。众所周知，我国大部分体育社会组织与政府关系密切，“一套班子，两块牌子”是两者之间关系的真实写照，而“社会组织”使各单项运动协会这一变相的政府机构角色具备了存在的合法性。面对近年来深化体育管理体制机制改革和“政社分开，权责明确，依法自治”的宏观政策压力，各单项运动协会在政府主导的发展模式下，以“依托总局，突出协会，淡化中心，逐步过渡，量力而行，积极稳妥”为指导思想，逐步推进各项改革。草根体育社会组织由于发展不成熟、不规范，最终形成了监护与管控、约束与限制相结合的管理体制。这种程序严密、监管全面的行政管控有效地解决了草根体育社会组织在经济社会转型过程中的生存问题。双重管理体制同样在某种程度上限制了草根体育社会组织的存在合法性，影响了草根体育社会组织的活力与自主性。虽然政府用“备案制”技术理性来弥补这一缺陷，但这并不能从根本

① 何强. 建设枢纽型体育社会组织的现实困境与消解路径——基于体育总会改革的视角[J]. 北京体育大学学报，2021，44（1）：71－79.

上解决草根体育社会组织的合法性问题，严重制约了草根体育社会组织的资源获取。

购买公共体育服务是项目制在体育社会组织治理中的具体体现，是政府扶持体育社会组织发展的主要方式。多数情况下，政府向社会组织购买服务，体现的逻辑是行政发包制，而这种发包是一种单向度的权力控制下的“定向”购买，体现为购买行为的“内部化”[①]。社会组织在功能上成了政府部门的权力延伸。某些社会组织并不是“自下而上”自发成立的法人主体，而是作为公共服务购买者的地方政府发起或者倡导成立的，具有明显的官方背景，有社会组织的“外形化”特征，并无社会组织的自主性。为什么政府选择非竞争性的“定向”购买，而不选择彻底的竞争性、市场化的招标方式呢？原因就在于地方政府希望通过资源垄断，对购买行为进行“内部化”与“体制内吸”处理，进行有效的社会资源整合，又不至于触碰社会秩序的底线，通过“定向”购买中隐形的公共权力内嵌来实现对社会组织的必要监管。

五、项目制治理

（一）项目制形成背景与条件

所谓项目，是指一种事本主义的组织方式，从事情的内在逻辑出发，在时间限定与资源限定的特定条件下，依据明确的目标指引，利

① 王浦劬，萨拉蒙. 政府向社会组织购买公共服务研究：中国与全球经验分析[M]. 北京：北京大学出版社，2010.

用特定的组织形式来完成一种有独特产品或服务的一次性任务[①]。因此，项目组织是一种临时搭建的、为完成某一特定任务而形成的组织形式。项目并不归属于常规组织结构的某个层级或位点，不论是政府还是企业，恰恰都要暂时打破这种纵向或者横向的常规组织结构，抑或区域性的制度安排，为实现一个专门的预设目标而将常规组织中的各种要素加以重新组合。

本节的“项目制”是指在分税制的制度条件下，在收入更加集权的体制下，资金通过项目制以财政转移支付的形式在行政层级体制之外运行[②]。分税制改革之后，各种财政资金开始以“专项”和“项目”的方式被分配，且这种方式成为主要的财政支出手段[③]。

许多学者提出“项目治国”或“项目治理”的概念。通过系统地实施项目，国家治理逐渐确立了一种新的结构形态。这里所谓的“项目”虽具有预期目标性及根据特定目标临时组建的特点，但项目的立项、申请、审核、分配、检查等一系列环节与过程已经远远超出了项目本身，而成为一种国家社会的联动机制。

项目制成为一种治理逻辑，必有其形成的制度根源和历史条件。为解决财政分权造成的结构性矛盾，1994 年我国实施了税收和财政体制改革，解决了过去财政包干制下中央政府与地方政府间的税收分享问题，推进了中央与地方财政关系的规范化[④]。由此，国家财政资

---

① 美国项目管理协会. 项目管理知识体系指南：PMBOK 指南：第 4 版[M]. 王勇，张斌，译. 北京：电子工业出版社，2009.

② 折晓叶，陈婴婴. 项目制的分级运作机制和治理逻辑——对“项目进村”案例的社会学分析[J]. 中国社会科学，2011（4）：126－148.

③ 周飞舟. 财政资金的专项化及其问题　兼论“项目治国”[J]. 社会，2012，32（1）：1－37.

④ 周飞舟. 分税制十年：制度及其影响[J]. 中国社会科学，2006（6）：100－115.

金迅速聚集，具备了通过财政手段平衡各地区财政权力、有效调控宏观经济发展的能力，从总体上贯彻国家治理理念的能力也随之得到提高。

财政权力真正实现集约化，中央政府才能以项目的方式调节地方财政权力。因此，分税制改革是项目制形成的一个重要条件。除此之外，要使项目制能够成为一种具有治理意义的体制机制，还需要具备以下条件。

第一，为确保中央政府能够实现规范化的资金转移支付，项目制的形成需要建立一套自上而下的财政资金再分配制度。

第二，项目财政资金必须对基层政府产生强大的激励作用，成为动员地方政府的激励机制。

第三，项目制的产生也是一定时期中国市场经济发展的客观要求。只有国家投资需要通过规范化、专业化的途径或渠道分配到各领域之中，且这种分配方式既需要现有行政科层制的既有权威，又需要新的专门通道，才能得到有效执行。

第四，项目制的形成不仅表现在地方政府经济增长的非均衡上，也表现在政府提供公共产品与公共服务的要求上。分税制对地方财政的“抽取”，再加上劳资矛盾的加深，致使社会矛盾备受关注。为实现对社会的财政“反哺”，调节社会分化，2004 年，党的十六届四中全会通过的《中共中央关于加强党的执政能力建设的决定》提出“加强社会建设和管理，推进社会管理体制创新”，在财政政策上体现为向基层社会加大提供公共产品与公共服务的力度，和专项转移支付公共服务项目相契合，是构成项目制运行最基本的财政盘子[①]。

① 周飞舟. 财政资金的专项化及其问题　兼论“项目治国”[J]. 社会，2012，32（1）：1－37.

第五，从根本上来说，项目制的存在离不开绩效合法性。毫无疑问，对政府行为的强大约束性压力来自绩效合法性。2004 年，依照以提供公共产品与公共服务为本的新型治理体系的理念，法治化、规范化、标准化、技术化成为政府行为的核心议题。政府从上到下，一致认为只要行政机构设计合理、分工明确且遵守程序规则，监督到位、问责严明，就会提高提供公共产品与公共服务的效率，使社会建设走上公平公正的轨道。这种典型的技术理性的政府行为特别强调理性化的目标管理和过程控制，而项目制既可强化国家体制对自由市场的引导和规制，又能尽可能合理、规范、有效地供给公共产品与公共服务。国家财政专项资金的转移支付，只有通过一整套严密设计的技术系统，才能最终使项目有效实施，获得全社会的认可和信任。

总之，项目制是在国家体制提供的支配性的结构基础之上，依据一定的历史条件与社会条件造就的产物。同样重要的是，当各级政府都具有一种只有通过技术理性的政府行为才能保证绩效合法性思维模式的时候，项目制才能在社会经济诸领域得以实施且效果显著。

体育治理是社会治理的重要组成部分，项目制在体育治理中也得到了广泛运用。就公共体育服务来说，项目制治理对于构建惠及所有民众的公共体育服务体系起到了重要作用。国家体育总局利用财政资金设置了群众体育专项项目，还设置了小篮球项目、社区健身中心设施配套项目等与公共体育服务相关的项目。国家体育总局的年度部门决算数据显示，2015 年，项目支出额度为 233 632.78 万元，占年度总支出的比重为 55.61%；到 2020 年，项目支出额度增长至 458 396.59

万元，占年度总支出的比重增长至 65.93%[①]。可见，不管是项目支出额度，还是项目支出占年度总支出的比重，都呈增长态势。

（二）项目制的功能

20 世纪 90 年代，市场经济体制虽然在制度上明确了产权等经济关系，推动了国民经济的快速增长，但也引发了一定的社会问题。因此，为调整这种市场经济造成的结构失调，缓和社会矛盾，需要通过改革形成一种新的双轨制关系。从某种意义上来说，分税制为双轨制的形成提供了一种财政体制的基础，而项目制则在保护存量的前提下确立了一种新型的制度增量逻辑。也就是说，项目制保持了原有行政体制内的单位制和经济体制内的市场制，并将其作为存量进行保护，因为单位制虽可保持结构的稳定性，但是不能提供社会经济发展绩效；市场制虽可提高效率，但是无法维护社会的包容性。项目制作为一种新双轨制的增量部分，聚焦民生性的公共事业，通过转移支付强化国家再分配体制来体现社会公平正义。

项目制治理的初衷有两个：一是消除单位科层制在贯彻中央宏观政策精神中的制度局限，集中贯彻中央政府促民生的治理理念；二是改善财政分权造成的“诸侯经济”结构。可实际情况却是，项目制是在原有的科层制基础上发挥作用的。无论哪个行政层级，在强调用利益杠杆调节社会结构、用绩效思维调动治理行为时，都存在一定的局限性。在财政资金的专项转移中，地方政府对于中央财政专项资金的转化与变通使项目预期的目标难以实现，项目制治理的效果大打折扣，

① 国家体育总局经济司. 国家体育总局 2019 年度部门决算[EB/OL]. [2020-07-17]. http://www.sport.gov.cn/n315/n332/ c956660/content.html.

公共服务和公共事业的目标难以达成。政府部门也往往在项目实施过程中因为信息不对称，逐步拥有专项意义上的绝对地位。

从政府行为角度来考虑，项目制社会组织治理模式除了进行行政吸纳、在制度设计上具有“组织选择”功能并嵌入过程监控之外，还具有分化性控制作用，使社会组织无法形成行业性或领域性组织联盟，从而削弱其潜在的集体利益表达能力。

（三）体育社会组织的项目制治理——购买公共体育服务

项目制社会组织治理模式源于三项相对独立而又相互影响的国家政策。

第一，政府职能转变，改过去权威型政府为服务型政府。中国的政府职能转变先经历了市场经济体制建立，即政府与市场关系的调整；后经历了社会组织参与治理，即国家与社会关系的调整，后者的中心是服务型政府建设。2004—2007 年，“服务型政府”频繁出现在官方文件与重大会议公告中，建设服务型政府成为加快行政体制机制改革的关键环节。政府向社会组织购买公共服务便是行政体制改革过程中出现的政府治理新元素①，社会组织逐渐得到政府部门的关注与认可。

第二，政府购买服务定位于向社会组织购买社会服务。在购买公共服务的实践中，我国经历了从地方政府创新到中央政府推广的演变逻辑②。政府购买服务能够解决公共服务多元化供给和供给效率的问题，但是其政策推进却经历了很长时间。1995—2002 年是地方政府起

① 王春婷. 政府购买公共服务研究综述[J]. 社会主义研究，2012（2）：141－146.

② 刘翔. 中国服务型政府构建研究——基于社会治理结构变迁的视角[D]. 上海：复旦大学，2010.

步探索、积累经验的阶段；2003—2013 年进入试点推进阶段；2013 年以后，政府加强向社会组织购买公共服务的顶层设计，并进入国家层面的制度化推广阶段。2011 年 4 月，上海市在《关于进一步加强本市社会组织建设的指导意见》中明确提出，政府通过公开招标、契约管理、绩效评估等形式，向社会组织购买公共服务。2012 年 5 月，广东省印发了《政府向社会组织购买服务暂行办法》及《2012 年省级政府向社会组织购买服务目录（第一批）》，将与大众生活紧密相关的服务项目纳入政府的采购范围。2013 年，北京市安排 8000 万元专项资金向社会组织购买了 500 个公共服务项目。在地方政府积累了购买公共服务经验的基础上，2013 年，国务院办公厅正式出台了《国务院办公厅关于政府向社会力量购买服务的指导意见》，对购买主体、承接主体、购买内容和购买机制等具体内容进行了明确规定。

第三，社会组织参与治理成为国家治理的重要命题。地方政府通过实践摸索，使项目制这一适应当前财政体制机制的社会组织治理模式得以形成。体育社会组织的项目制治理不仅是一种体制，而且是一种能够使这种体制运转起来的机制，其内在逻辑就是政府通过购买的方式将一些政府无法提供的公共体育服务以外包的形式交给体育社会组织。从政府的角度来看，向体育社会组织购买公共体育服务，一方面可弥补政府无法满足群众多元化、多样化的体育需求的缺陷；另一方面可以提高公共体育服务的供给效率。同时，体育社会组织也能在政府购买公共体育服务的过程中受益。政府购买公共体育服务既可以提升体育社会组织自身发展的能力，激发体育社会组织自身的活力，又可以提高体育社会组织自身的影响力与社会公信力。

六、工具主义的制度安排

（一）体育社会组织治理宏观政策的模糊性特征

党的十八大以来，党和政府对社会组织参与现代社会治理给予高度重视，提出加快形成社会组织体制，激发社会组织活力，创新社会治理体制。《国务院办公厅关于促进全民健身和体育消费推动体育产业高质量发展的意见》（国办发〔2019〕43 号）和《体育发展“十三五”规划》均提出推动体育社会组织发展。这就要求全面提升体育治理体系和治理能力现代化水平，变政府垄断为政府与其他社会力量共同参与体育治理成为治理新格局的策略选择与实践需求。各地方政府在改进体育治理方式的同时兼顾体育社会组织的发展，使体育社会组织融入体育治理体系，但是在缺少细则的情况下，实现政府和社会调节良性互动就面临着具体操作与政策实施的模糊性问题。地方政府为避免制度生产风险，多以改革创新的“试验”态度来发展社会组织，在政府行政可控范围内“分权”给社会组织。

从深层次看，渐进式治理转型强调优化治理、稳定社会秩序。体育社会组织作为一种新生的结构性社会治理主体，能够改善公共体育服务质量，但同时有可能挑战政治稳定性[①]。体育行政部门既要按照国家宏观政策要求实施多元化的体育治理，又要保证不能出现体育社会组织联盟挑战自身权威的问题。因此，强调社会组织发展引导与管控两种政策倾向并存，导致体育社会组织发展的宏观政策具有模糊性，并在多种核心维度上暗含政策张力。为避免制度生产风险，基层政府

① 康晓光，韩恒. 分类控制：当前中国大陆国家与社会关系研究[J]. 社会学研究，2005（6）：73－89.

政策实施者多采取“折中主义”的思路，这无疑进一步加剧了政策的模糊性。当政策目标的核心逻辑不能统一时，就会导致体育社会组织参与治理的政策难以细化为可测量的技术指标和可操作的流程，使政策执行的效果评估模糊性增加。

如前所述，中央与地方政府为实现治理目标，均采用行政发包与垂直化管理两种行政机制①。在体育社会组织政策领域，宏观政策与暗含的政策信号的双重模糊性决定了自上而下的过程监管难以实现，上级政府多采用行政发包的推进方式，允许地方政府围绕治理目标，根据地方体育社会组织培育水平、体育文化特色进行因地制宜的创新，整个发包体系的内在整合水平相对较低②。通常，这种治理机制伴有较强的激励手段，可充分调动地方政府与地方官员的积极性。行政发包治理机制最大的特点就是地方政府拥有政策执行的自由裁量权，上级政府对治理绩效进行评估。体育社会组织治理政策执行具有行政发包治理机制的普遍特点。自由裁量权在政府体系内自上而下逐级下放，每一级政府仅对辖区内的体育社会组织培育负责。同时，体育社会组织治理政策执行又区别于普通的行政发包，“国家主义”的政治形态使国家权力至上，对社会组织必然进行一定的控制或功能替代③，当代中国不存在“不受制于权力支配的自由社团”④，体育社会组织当然也不例外。另外，社会转型期建立“民生政治”“服务型

---

① 周黎安. 行政发包制[J]. 社会，2014，34（6）：1－38.

② 周雪光，刘世定，折晓叶. 国家建设与政府行为[M]. 北京：中国社会科学出版社，2012.

③ 查尔斯·泰勒. 市民社会的模式[M]. 冯青虎，译//邓正来，杰弗里·亚历山大. 国家与市民社会：一种社会理论的研究路径（增订版）. 上海：上海人民出版社，2005.

④ 王名，乐园. 中国民间组织参与公共服务购买的模式分析[J]. 中共浙江省委党校学报，2008（4）：5－13.

政府”要求政府必须提供多样化的公共体育产品与服务。上述两点导致上一级政府的政策信号和推进路径更加模糊，而上一级政府又拥有干预地方政府相关制度设计的“剩余控制权”，因此地方政府承担了较大的社会组织治理制度生产风险。从上述讨论可以看出，地方政府执行上一级政府的社会组织发展政策，承担较高制度生产风险，缺乏强激励且面对低强度的评估。

在渐进式变革中，政策制定者无法设定清晰的改革路线图，而地方政府深知体育社会组织治理改革领域的制度生产风险，为防止过度激励而导致的社会危机，没有配置强激励。在政策执行的激励机制中，一种是各地方政府面对的弱激励，包括建立在财政分成基础上的财政激励；另一种是政府官员的晋升激励。在社会组织领域，上述两种激励模式基本都不发挥作用，因为社会组织治理领域并不存在财政分成现象，且民政部门主导社会组织的管理，上级民政部门无法任命下级民政部门的干部，也无法对下级“块”上机构的领导人的任命进行直接干预。

在控制权行使方式上，地方政府面对的是低强度的评估。由于社会组织治理政策框架蕴含多元目标，且绩效评价指标较为抽象，难以测量，检查验收的强度较低。

因此，对行政发包采用中观层次的激励机制、对风险生产等进行深入分析，可以拓展对体育社会组织发展政策实践的认知。

（二）地方政府的风险控制与技术理性政府行为

首先，地方政府在政策执行过程中要对模糊发包治理机制中模糊的、抽象的政策目标逐步明晰。在体育社会组织治理高风险和弱激励的政策环境下，明晰政策目标是为了降低潜在的制度风险。体育治理领域行政发包的模糊性特征决定了地方政府在高风险和弱激励的背景下实施技术理性政府行为，把政策执行控制在行政技术的层面，避免涉及原有的体制改革；政府购买公共体育产品与服务、财政扶持等体育社会组织管理制度创新，需要对体制内根深蒂固的存量进行修正。为避免与既有制度安排发生冲突，地方政府倾向于绕开存量，培育增量，规避治理风险。例如，北京、上海、广州、深圳等城市将体育社会组织看成公共服务供给的辅助手段，均采取了根据功能对社会组织进行筛选管理的做法，即扶持那些对于提升公共服务水平有显著效应又不挑战体育行政部门权威的社会组织。这表明，不同地区的政府都在采取相似工具主义的风险规避逻辑来发展社会组织。

以购买公共体育服务为例，体育社会组织提供的服务的支出大多集中于人员经费和组织发展经费，与政府采购支出大多集中于设备、硬件有着很大的区别。虽然基层政府对购买体育社会组织服务和一般的政府采购的区别有着清楚的认识，但在购买过程中仍然在财务、审计方面使用政府采购标准。某省《政府向体育社会组织购买全民健身公共服务暂行办法》规定，未列入集中采购目录的项目，单项或批量金额达 10 万元以上的公共体育服务项目应按《中华人民共和国政府采购法》《中华人民共和国政府采购法实施条例》及相关政策规定执行。这一规定使体育社会组织在资金使用过程中面临诸多障碍，但基层政府却避开了制度风险。

其次，地方政府要贯彻制度安排的弱激励。地方政府中的省、市级政府作为“承包方”，必须为基层县、乡镇级政府贯彻制度安排制定激励机制，并制定相应的检查验收方法。为防止激励设置过强而导致激励扭曲现象，政策制定者通常会在这一改革领域设置弱激励。由于各级政府社会组织治理暗含着多元政策目标，并与社区建设等社会治理领域高度相关，在治理实践中，地方政府通常会采用“打包激励”等相对模糊的方法来制定激励与评估机制。

（三）地方政府工具主义的制度实施行为

由于宏观政策的模糊性，地方政府为规避风险，对体育社会组织的成长有时持鼓励发展与积极扶持的态度，有时又会设置“隐性进入壁垒”。地方政府对公益类体育社会组织的发展普遍持鼓励态度，将此类体育社会组织的发展看作公共体育服务的辅助手段。例如，某市加强体育社会组织分类指导，重点培育和优先发展公益慈善类、社会服务类、体育生活类、枢纽型体育社会组织，通过政府购买服务的方式，帮助其解决资金来源问题①；减少弱激励的影响，将培育与发展体育社会组织纳入社区建设指标体系，采取工具主义的方式发展体育社会组织。这种方式必然引发“属地”体育社会组织发展思路，各地方政府势必优先发展在本地注册的体育社会组织，将对体育社会组织的培育转化为具有属地特征的发展指标，最终会促进公共体育服务有序竞争市场的形成。

“绕开存量，培育增量”的改革思路引发了地方政府对体育社会组织的项目化扶持思路。地方政府扶持体育社会组织发展，将体育社会组织的发展嵌入基层社区治理网络，使其在社区治理、公共服务供给中拥有话语权，占据合理的制度性位置，但这种方式需要地方政府实

① 上海市体育局．构建上海市体育社会组织枢纽式管理的新格局[EB/OL]．[2021－10－09]．http://sports.china.com.cn/chanye/detail2_2015_12/28/826941.html.

施深层次的体制改革并进行整体的制度框架设计，同时承担相应的制度生产风险。地方政府也可以采取以项目化委托服务的方式来扶持体育社会组织发展，这种方式既可以避免与基层的治理机制发生矛盾，又可以避免制度生产风险。

通过上述分析可知，地方政府看似矛盾的发展体育社会组织的政策执行逻辑有其前后的一致性。其一，选择性地发展具有重要“外显功能”的体育社会组织，将其作为公共体育服务的补充；其二，对辖区内可能挑战现有基层社区治理体制的体育社会组织设置“隐性进入壁垒”。

第五章

政府行为逻辑下体育社会组织治理

模糊发包与工具主义为我们研究政府主导的渐进式治理转型中各级政府的行为提供了一个基本的分析框架。模糊发包可以帮助我们分析各级政府的政策执行力度，工具主义可以帮助我们理解政府的治理行为方式。我们可以从风险控制与激励机制、评估设计等方面，分析各级政府治理行为的核心逻辑及其互动机制。

就体育社会组织治理来说，模糊发包与工具主义的分析框架不仅可以解释不同历史阶段发展社会组织时基本策略的不同，还能帮助我们理解同一时期各地制度设置差异的原因。在当前形势下，不同地区规避体育社会组织治理风险的策略大致相同，即普遍采用对体育社会组织进行分类治理的做法，但当地方政府将体育社会组织治理与社区建设整体进行“打包激励”时，不同地区经济发展水平及治理转型推进程度不同可能导致各地政府对体育社会组织的扶持力度、培育水平不同。例如，强调高行政执行力、对社会组织控制程度高的地区，政府将行政部门的行政执行发展到体育社会组织层面，并与行政部门建立密切协作的关系，体育社会组织基本成为体育行政部门的行政末梢；在强调社会组织自治能力的地区，政府倾向于鼓励体育社会组织嵌入社区自治的组织网络，由公众行使权力，自下而上地反映公众的体育诉求。这表明，从模糊发包与工具主义的治理策略视角能够清晰地梳理出各级政府在制度风险规避、激励设置、检查评估方面的操作策略，形成对政府行为理解更加全面的知识体系。

中华人民共和国成立以来，体育社会组织对于中国社会治理，以及社会秩序重建发挥了极大的作用，但体育社会组织的治理也同时存在新变化、新特征和新趋势。尤其在党的十八大报告提出的“加快形成政社分开、权责明确、依法自治的现代社会组织体制”的目标指导下，各级民政部门与体育行政部门掀起了体育社会组织治理改革和孵化培育的热潮。体育社会组织数量显著增多，活力增强，服务能力得到了提高。党的十九届三中全会提出“推进社会组织改革”“激发群团组织和社会组织活力”，党的二十大报告提出“引导、支持有意愿有能力的企业、社会组织和个人积极参与公益慈善事业”等重要要求，为新时代新征程社会组织发展提供了科学指引。然而，由于政府主导型社会治理体制机制的制度惯性，以及体育社会组织长期治理问题的累积，目前的治理改革仍未取得重大进步。虽然中央政府在文件公告中多次强调，释放了强大的政策信号，但是想突破体制机制的束缚，使改革取得重大突破，仍然需要创新思想、拓展思路。因此，为了客观、真实地掌握体育社会组织治理的现状，本章将从模糊发包视角对体育社会团体、体育基金会、体育类民办非企业单位和草根体育社会组织四类组织不同时期的内部治理和外部技术治理进行现实考察，旨在为社会转型期推进我国体育社会组织的治理提供参考。体育社会组织的内部治理主要关注的是内部治理结构、机制和制度，外部治理主要关注的是体育社会组织的技术治理。内外部治理相互影响、相互制约，所以本章对于政府行为逻辑下体育社会组织治理的论述按照以下顺序进行：首先，论述体育社会组织的内部治理结构、机制与制度；

其次，论述体育社会组织的外部技术治理；最后，论述现有政府行为逻辑下体育社会组织治理面临的困境。

第一节　政府行为逻辑下体育社会团体治理

体育社会团体是指由公民自发组成，具有共同的意愿，依靠自主管理，按照共同制定的章程开展体育运动（或活动）的非营利性社会组织，通常以运动项目协会等形式呈现。依据体育社会团体成立及运行的轨迹来看，它是由政府机构转变而来，依托政府资源，运用行政权力实施管理，自上而下的官僚式行政化社会组织类型。体育社会团体作为我国数量众多的体育社会组织类型之一，在不同的历史时期为我国体育事业的发展做出了突出贡献。然而，在社会治理创新的背景下，体育社会团体如何在社会治理转型期更好地发挥应有的效能是当前体育社会组织治理改革的重点，也是当前体育治理转型的关键。

一、体育社会团体的内部治理结构、机制与制度

体育社会团体内部治理是组织内部的权力、决策、执行、监督等一系列运行机制的总称。体育社会团体外在表现为一种科学规范的组织形式，本质上更是一种内部关系相互制衡的运行机制。健全的体育社会团体的内部治理应该由内部治理结构、内部治理机制、内部治理制度三部分组成。

（一）体育社会团体的内部治理结构

与任何类型的组织一样，有形的内部结构是实现组织功能并展示其特定属性的必要条件。从我国现有社会团体来看，内部治理结构大致包括两种范式：与企业结构趋同的范式和与政府机构趋同的范式。健全的体育社会团体内部治理结构一般应包括权力机构（会员代表大会）、决策机构（理事会）、执行机构（秘书处）和监督机构（监事会）四个主体，并通过这种结构安排和功能设置实现四个主体间的监督制衡和相互促进。这四个主体只有不断趋于动态平衡，才能有效地优化资源配置，实现会员利益最大化。也就是说，四个主体是一种“利益共同体”的关系。相反，如果组织内部决策程序欠缺、权力分配失衡、沟通不畅，组织功能和目标将无法实现。

我国绝大多数体育社会团体基本上具备了现代社会组织内部治理结构的各要素，设有权力机构（会员代表大会）、决策机构（理事会）、执行机构（秘书处）等，甚至有些体育社会团体还设有专业委员会或专家委员会，但是由于相关法律法规尚未明确要求设立监督机构，所以，监督机构（监事会）在体育社会团体中的设置比例较低。从表面上看，所有的国家级体育协会都是具有独立法人资格的全国性、公益性群众体育组织，其内部治理结构涵盖了权力机构、决策机构和执行机构三个主体。不过，虽然各个协会均注册为独立法人单位，但从单项运动协会、运动项目管理中心“一套班子，两块牌子”的特殊模式建构来看，这些协会并非真正意义上的自治的社会团体。因此，虽然经过了几次协会改革，我国单项运动协会仍然具有部分行政管理职能，行使事业单位的权力，“协会”还只是对外交流的一块牌子。由上述分析可以看出，已经建立的体育社会团体的内部治理结构并未实现相应的功能，体育协同治理的动态均衡结构被上下级之间控制与被控制的关系所取代，会员代表大会（权力机构）、理事会（决策机构）和秘书处（执行机构）的应有职能并没有完全发挥。

当然，为响应国家治理转型的号召，在总体“管办分离”的战略导向下，部分全国性体育社会团体正在逐步实施从“同构”到“脱钩”的转变，并积极构建完善的内部治理结构。例如，2015 年 8 月 17 日，《中国足球协会调整改革方案》公布。该方案彻底颠覆了国家体育总局足球运动管理中心与中国足球协会“一套班子，两块牌子”的组织架构，实现了由“事业单位”向“社团常设办事机构（协会秘书处）”的转变。该方案明确规定，健全中国足协会员大会、特别会员大会、执委会、专项委员会和特别委员会会议制度，完善会议规则，规范决策程序，形成科学、民主、依法的决策机制，确保运转规范、高效。加强足球行业管理各领域规章制度建设。充分利用专项委员会机制发展和管理足球专项业务。加强秘书处建设，合理设置秘书处工作机构，规范工作规则，加强纪律约束，增强服务意识，克服行政化倾向，全面提高执行力。2016 年 4 月，国家体育总局汽车摩托车运动管理中心、中国汽车摩托车运动联合会及隶属于中国汽车摩托车运动联合会的北京中汽摩运动发展公司实现了“管办分离”，结束了“一个单位，三块牌子”的历史。

（二）体育社会团体的内部治理机制

内部治理机制是指在治理过程中，在制度、功能等不同层面的各种治理手段或方式方法相互作用的内在规律，主要包括治理决策机制、人事治理机制、财务治理机制、治理监督机制等。

1. 治理决策机制

治理决策机制是组织内部利益相关者之间的决策权分配机制，包括会员（代表）大会决策治理机制、（常务）理事会决策治理机制和领导者决策机制。会员（代表）大会和（常务）理事会是社会组织的最高权力机构和决策机构，对社会组织的重大发展事项做出决策，一些日常事务性工作通常需要秘书长做出决策。我国单项运动协会虽然具备相应的治理结构，但在实际运行中并未建立起治理决策机制。例如，某国家级协会章程明确规定，“本团体的最高权力机构是会员代表大会”，理事会具有“选举和罢免主席、副主席、秘书长、常务理事”的职权，但实际决策权仅由少部分人掌控。可见，实际操作中的决策机制与章程规定完全不符，会员（代表）大会决策治理机制和（常务）理事会决策治理机制只是空中楼阁，这充分说明我国体育社会团体的决策机制并没有正常运转，会员没有完全行使重大事项的决策权力。

2. 人事治理机制

合理、有效地构建以下三方面的人事治理机制对于提高体育社会团体的运行效率具有重要意义：体育社会团体的领导人产生机制、人事绩效考核评价机制、人事薪酬激励机制。构建合理的机制对于调动全体会员的积极性，提高组织凝聚力和感召力，提高体育社会团体的运行效率具有积极的作用。然而，现实中的体育社会团体在人事治理机制的构建方面仍有缺陷，尤其在领导人产生机制和人事薪酬激励机制方面较为滞后，很多协会的会长、理事长（主席）、秘书长等人事任免都没有按照章程的规定由会员选举产生。

中共中央办公厅、国务院办公厅《关于党政机关领导干部不兼任社会团体领导职务的通知》已明确规定党政机关领导干部不得兼任社会团体（包括境外社会团体）领导职务（含社会团体分支机构负责人），但实际情况恰恰相反，全国性体育社会团体（尤其是单项运动协会）的主席多由国家行政机关的现任领导担任且多为兼职。在一定程度上，这与社会转型期我国体育社会团体治理转型有关。国家体育总局对各项目协会负责人的任职审批程序都有严格的规定和要求，秘书长以上职位的人选原则上必须由国家体育总局党组审批同意后直接派遣或任命。此外，绝大部分全国性体育社会团体针对工作人员制定了相应的制度，包括聘用制度、薪酬制度、保障制度、培训制度、奖惩制度和考勤制度等，但具体执行并不到位。而地方性的体育社会团体在人事治理机制建设方面刚刚起步。

3. 财务治理机制

按照相关会计制度的规定，体育社会团体应建立财务管理制度，对取得的收入和各项活动支出明细等进行规范。从目前的情况来看，体育社会团体的活动经费主要来自政府提供的建设与活动资金，还有少部分的会费收取、捐赠资助、有偿服务收入、投资经营收入、利息，以及其他合法收入，而且体育社会团体的财务管理主要由业务主管单位负责，体育社会团体并没有独立的财务账号。本研究调查显示，接近半数的体育社会团体没有建立自己的财务管理制度；接近半数的全国性体育社会团体年终发布财务报告，少数进行内部审计；极少数全国性体育社会团体选择注册会计师或委托会计师事务所等进行外部审计。由于运动项目管理中心与单项运动协会属于“一套班子，两块牌子”，按照民政部的相关要求，只有运动项目管理中心有独立银行账户，单项运动协会没有独立银行账户，这不仅使单项运动协会年检受阻，而且增加了管理工作的难度。因此，无独立银行账户且不能进行独立核算的问题是长期困扰单项运动协会有效管理的主要难题。从上述分析可以看出，全国性体育社会团体需建立完善的财务管理制度[①]。

4. 治理监督机制

监督机制独立于权力机构和执行机构的制度设计之外，通过监督机制，全体会员的利益和组织目标的实现得以保障。从公司治理的角度来说，为保证利益相关者的利益得以实现，针对公司经营行为或重大问题决策所进行的一系列客观公正的审核、监察与督导的行为被称为监督机制[②]。借鉴公司治理监督机制的定义，体育社会团体监督机制是指为保证组织健康有序运行、体育公益目标得以实现所进行的一系列内部监督规范、外部约束及其运行体系的制约性行为。本研究所讨论的治理监督机制主要指组织内部监督，包括正式的监督机构和非正式的会员监督。

特殊的生成机制造成我国体育社会团体的纲领、章程、决策、选举、执行等制度不完善，同时，协会会员参与组织活动的主动性较差，使协会内部的监督无法落实。我国的单项运动协会和地方的体育总会都依托政府部门而存在，大部分工作人员拥有政府事业编制，所以对体育社会团体及其工作人员的监管主要来自政府的行政性约束与监督。以中国足球协会为例，虽然协会根据章程建立了联赛理事会、纪

① 戴红磊. 中国体育社会组织治理研究[D]. 大连：大连理工大学，2016.

② 李维安，武立东. 公司治理教程[M]. 上海：上海人民出版社，2002.

律委员会、仲裁委员会、执行委员会和执行局等监督机构，但这些机构只负责处理联赛中的投诉与纠纷，对于中国足球协会相关机构并没有进行监督与约束。实际上，体育社会团体的财务制度不规范，缺乏组织内部与外部年度审计，也进一步说明了当前体育社会团体内部监督机制的缺失。而且，体育社会团体对行政事务、财务、管理等信息公开程度不够，直接导致了来自大众媒体和社会公众监督的缺失。因此，体育社会团体应健全监督机制，进一步完善会员代表大会制度，保障全体会员的权利，发挥理事会应有的决策作用，必要时还应建立监督机构，以制衡权力、决策、执行机构。

（三）体育社会团体的内部治理制度

体育社会团体组织章程是最重要的内部治理制度，它规定并强化着体育社会组织的自主建设，推动其特色发展，是构建现代体育社会组织制度的重要保障，是体育社会组织自治的主体和关键所在。我国绝大多数全国性体育社会团体组织章程建设都比较规范，但在组织运行中存在部分体育社会团体组织章程“虚无”的情况。具体的内部治理制度主要包括民主选举制度、运行管理制度、会员权利保障制度、民主决策制度、财务管理制度、信息公开制度、诚信自律制度、重大事项公开制度、激励制度和监督制度等。我国绝大多数全国性体育社会团体还建立了会员的入会申请权、退会权、申诉权、监督权等会员权利保障制度，档案管理制度、资产登记制度和印章管理制度等运行管理制度，重要人事任免、会费收取支出情况和接受捐赠明细等重大事项的信息制度等。然而，实际操作中，这些内部治理制度往往只停留在文字层面，并没有有效实施。

二、体育社会团体的外部技术治理

体育社会团体的外部技术治理解决的是利益相关者权力和利益的均衡问题，良好的体育社会团体外部治理环境能够为其自主发展创造空间，促进体育社会团体内部治理结构的完善，更好地实现组织目标。体育社会团体的法律环境、管理体制、政社关系、外部监督等构成了体育社会团体治理的外部环境。

（一）体育社会团体的法律环境

1601 年，英国出台的“慈善法”和“救济法”是世界上最早的专门规范非营利组织和非营利行为的法规。随着时代的发展，所有保障公民结社自由权的国家都制定了适合本国国情的专门法律与专门制度。例如，《美国联邦税法》501C3 规定，对从事非营利性活动的组织实施税收优惠政策。德国政府颁布的《结社法》、日本政府颁布的《特定非营利性活动促进法》都将社会组织置于国家的法律框架之内，对非营利性活动与行为予以鼓励与支持。

我国在社会组织法律建设方面稍显滞后，至今没有制定专门的社会组织法，而且缺乏保障社会组织权益的法律法规，仅有的部门规章和地方性法规也只是存在于社会组织注册登记层面。法律缺位严重妨碍了社会组织的发展，影响了社会组织合法地位的获得，阻碍了社会组织代表会员利益行使合法权力。从目前的情况来看，体育社会团体在社会治理转型的大背景下得以快速发展，但是体育社会团体的立法工作需要加快进程。《社会团体登记管理条例》中的部分规定严重制约了我国地方性法规促进和规范体育社会团体发展。我国社会组织的平稳较快发展已为社会组织立法提供了较好的现实基础。因此，政府应尽快出台社会组织上位法律法规，以指导和规范社会组织发展。

（二）体育社会团体的管理体制

1. 体育社会团体的现行管理体制

从目前的情况来看，虽然有国家宏观政策不断推进社会组织的管理体制机制改革，但是除部分服务类、慈善类社会组织外，我国体育社会团体管理体制依然是双重管理体制。双重管理是指社会团体登记注册时需要出具业务主管单位的资格审查结果，登记注册成功之后，登记管理机关即民政部门负责日常监督、年度检查等，业务主管单位负责日常业务指导，即社会团体同时接受登记管理机关和业务主管单位的审查和监管。调研发现，中央及地方各级体育行政部门负责体育社会团体申请成立前的资格审查，负责对体育社会团体进行业务指导和监督管理，负责体育社会团体领导的任免及业绩考核，负责协助民政部门进行体育社会团体的年检和清算等工作。不难看出，从登记注册开始，体育行政部门全程参与体育社会团体的监管，这对体育社会团体的业务开展起到了一定的促进作用。然而，这也在一定程度上影响了体育社会团体的自主性与独立性的发挥。

以全国性单项运动协会管理为例，国家体育总局各厅、司、局是全国性单项运动协会相关业务管理及资格审查的职能部门，全国性单项运动协会所挂靠的运动项目管理中心是由国家体育总局授权，负责对协会进行管理的单位。国家体育总局各厅、司、局对全国性单项运动协会业务管理有明确分工，相关业务厅、司、局按其业务主管范围对全国性单项运动协会分别进行归口管理与业务监督。机关党委负责全国性单项运动协会的党务和党建等工作；人事司负责协会成立、变更、机构设置及协会领导人的任免等；体育经济司负责协会的财务管理与财务审计、经费使用、经营监督等；对外联络司负责协会的外事交流工作。全国性单项运动协会的相关业务都由国家体育总局相关党委、司、局进行监督指导，保证不会产生制度风险。

2. 国家层面社会团体管理体制创新

在《国务院办公厅关于实施〈国务院机构改革和职能转变方案〉任务分工的通知》的精神指导下，民政部与国家发展改革委联合推动，分别于 2015 年 11 月和 2016 年 6 月确定了两批全国性行业协会商会（共计 292 家）脱钩试点单位，其中归口国家体育总局业务主管的全国性体育社会团体共有 19 家（表 5－1）。

表 5－1　2015 年、2016 年两批全国性体育行业协会脱钩试点单位

时间	协会
第一批（2015 年）	电力体育协会、中国大学生体育协会、中国煤矿体育协会、中国石油体育协会、中国体育用品联合会、全国体育运动学校联合会、中国化工体育协会、中国企业体育协会、中国体育场馆协会、中国中学生体育协会、中国兵器工业体育协会、中国火车头体育协会、中国少数民族体育协会、中国体育集邮与收藏协会
第二批（2016 年）	中国健美协会、中国龙狮运动协会、中国老年人体育协会、中国风筝协会、中国信鸽协会

全国性体育社会团体在国家提出的“脱钩管理”等治理转型的要求下，将“管办分离”提上日程，并按照国家体育总局提出的“脱钩”

原则“总体设计、分类指导、梯次推进、配套改革”，积极稳妥地逐步推进和深化全国性体育社会团体的“管办分离”。目前，实质性“脱钩”的单项运动协会有中国足球协会和中国汽车摩托车运动联合会。2016年2月，国家体育总局足球运动管理中心摘牌，2016年6月13日，足球运动管理中心拟向事业单位登记管理机关申请注销登记，这意味着中国足球协会与国家体育总局基本“脱钩”，“一套班子，两块牌子”的组织架构成为历史；2016年4月，国家体育总局汽车摩托车运动管理中心、中国汽车摩托车运动联合会，以及隶属于中国汽车摩托车运动联合会的北京中汽摩运动发展公司，正式实施“管办分离”，结束了“一个单位，三块牌子”的历史。改革后的单项运动协会取消了国家体育总局与协会的业务主管关系，取消了国家体育总局、事业单位与协会的合署关系，初步消除了管理体制上的种种障碍，下放了本应属于协会的发展自主权（如在人员聘用、薪酬分配、外事出访、市场开发和国字号教练员人选等方面都有自主权），但在重大事项的决策上仍接受国家体育总局的监管。

2019年，国家发展改革委与民政部、中共中央组织部、中央编办等十部委联合发布《关于全面推开行业协会商会与行政机关脱钩改革的实施意见》，在其中列出了795家全国性行业协会商会脱钩改革名单，已脱钩422家，拟脱钩373家，其中归口国家体育总局业务主管的拟脱钩全国性体育社会团体共68家（表5-2）。

表5-2　2019年归口国家体育总局业务主管的拟脱钩全国性体育社会团体名单

序号	名称	业务主管单位
1	社会体育指导员协会	国家体育总局

续表

序号	名称	业务主管单位
2	中国棒球协会	国家体育总局
3	中国保龄球协会	国家体育总局
4	中国蹦床与技巧协会	国家体育总局
5	中国冰壶协会	国家体育总局
6	中国冰球协会	国家体育总局
7	中国车辆模型运动协会	国家体育总局
8	中国登山协会	国家体育总局
9	中国定向运动协会	国家体育总局
10	中国帆船帆板运动协会	国家体育总局
11	中国高尔夫球协会	国家体育总局
12	中国国际跳棋协会	国家体育总局
13	中国国际象棋协会	国家体育总局
14	中国航海模型运动协会	国家体育总局
15	中国航空运动协会	国家体育总局
16	中国滑冰协会	国家体育总局
17	中国花样滑冰协会	国家体育总局
18	中国滑雪协会	国家体育总局
19	中国火车头体育协会	国家体育总局
20	中国击剑协会	国家体育总局
21	中国极限运动协会	国家体育总局
22	中国健美操协会	国家体育总局
23	中国健身气功协会	国家体育总局
24	中国救生协会	国家体育总局

续表

序号	名称	业务主管单位
25	中国举重协会	国家体育总局
26	中国空手道协会	国家体育总局
27	中国老年人体育协会	国家体育总局
28	中国垒球协会	国家体育总局
29	中国龙舟协会	国家体育总局
30	中国轮滑协会	国家体育总局
31	中国马术协会	国家体育总局
32	中国门球协会	国家体育总局
33	中国滑水潜水摩托艇运动联合会	国家体育总局
34	中国排球协会	国家体育总局
35	中国皮划艇协会	国家体育总局
36	中国乒乓球协会	国家体育总局
37	中国潜水运动协会	国家体育总局
38	中国桥牌协会	国家体育总局
39	中国曲棍球协会	国家体育总局
40	中国拳击协会	国家体育总局
41	中国柔道协会	国家体育总局
42	中国软式网球协会	国家体育总局
43	中国赛艇协会	国家体育总局
44	中国射击协会	国家体育总局
45	中国射箭协会	国家体育总局
46	中国手球协会	国家体育总局
47	中国摔跤协会	国家体育总局

续表

序号	名称	业务主管单位
48	中国体操协会	国家体育总局
49	中国田径协会	国家体育总局
50	中国铁人三项运动协会	国家体育总局
51	中国网球协会	国家体育总局
52	中国围棋协会	国家体育总局
53	中国无线电和定向运动协会	国家体育总局
54	中国武术协会	国家体育总局
55	中国现代五项运动协会	国家体育总局
56	中国象棋协会	国家体育总局
57	中国游泳协会	国家体育总局
58	中国羽毛球协会	国家体育总局
59	中国掷球协会	国家体育总局
60	中国自行车运动协会	国家体育总局
61	中国橄榄球协会	国家体育总局
62	中国毽球协会	国家体育总局
63	中国跆拳道协会	国家体育总局
64	中华名人垂钓俱乐部	国家体育总局
65	中国雪橇协会	国家体育总局
66	中国雪车协会	国家体育总局
67	中国冬季两项运动协会	国家体育总局
68	中国篮球协会	国家体育总局

3. 地方层面体育社会团体治理实践

相比全国层面体育社会团体的改革，一些经济发达、开放程度高的省市，如广东、江苏、浙江、北京、上海等早在2010年前后就开始大胆探索创新社会组织管理体制，并已付诸针对性的改革实践。由于地域差异，有些地方的改革比较彻底，步子迈得比较大，也有一些地方的改革属于渐进式的、稳步推进的改革。经过几年的改革试验，地方政府为国家进一步创新社会组织管理体制提供了宝贵的实践经验。例如，作为改革开放的桥头堡，广东省创新社会组织管理体制，率先打破了双重管理体制的束缚。2012年4月25日，中共广东省委、广东省政府联合印发《关于进一步培育发展和规范管理社会组织的方案》，该方案提出社会组织与政府彻底分开，主要内容可以归纳为“五自四无”：五自，即自愿发起、自选会长、自筹经费、自聘人员、自主会务；四无，即无行政级别、无行政事业编制、无行政业务主管单位、无现职国家机关工作人员兼职。为打破原有的业务主管单位的桎梏，该方案将社会组织的业务主管单位改为业务指导单位，并规定放宽社会组织准入门槛，简化登记程序。申请成立社会组织，由民政部门直接审查登记，这为社会组织的自主发展创造了生存空间。该方案成为迄今为止国内在社会组织登记管理制度方面最具创新性的探索，极大地改善了社会组织的制度空间。

经过近几年的实践探索，广东省实现了大多数市、县、区级的单项运动协会与政府体育行政部门“脱钩”，但是，我们在调研过程中发现，“脱钩”工作也存在一定观念和行动上的阻力，仍有部分体育社会组织没有完全与政府部门“脱钩”。2016年7月，依照中共中央办公厅、国务院办公厅于2015年印发的《行业协会商会与行政机关脱钩总体方案》的精神，广东省制定了“脱钩”的具体目标：机构分离，规范综合监管关系；职能分离，规范行政委托和职责分工关系；资产财务分离，规范财产关系；人员管理分离，规范用人关系；党、建外事等事项分离，规范管理关系。广东省确定了100家全省性行业协会商会作为第一批脱钩深化改革试点，其中体育类有2家，并限期于2016年10月30日之前完成。

2014年，为激发社会组织活力，提高社会组织服务能力与治理能力，促进社会组织健康有序发展，根据相关规定，结合上海市经济社会实际情况，上海市民政局制定了《上海市社会组织直接登记管理若干规定》，规定行业协会商会类、科技类、公益慈善类、城乡社区服务类等社会组织可在民政部门直接登记。与传统的双重管理体制不同的是，上海市探索出了一种政社合作、三方共建社会组织的综合管理模式，即由业务主管单位、社团管理局和社会服务局共同对行业协会商会进行管理的体制。与以往不同的是，三者分工明确，各司其职，互不干扰。业务主管单位负责对行业协会所从事的活动进行业务指导和监督管理；社团管理局主要负责协会的成立、变更、注销的登记和备案，并对协会进行年度检查、日常监督和业绩评估；社会服务局主要负责协会发展的政策制定、发展规划和协调管理等事宜。

（三）体育社会团体的政社关系

菲利普·C. 施密特（Philippe C. Schmitter）提出的“国家法团主义”为理解我国政府与社会团体的关系提供了一个全新的视角，该理论从授权、垄断和控制三个维度来梳理政府与社会团体的关系，并以此为逻辑主线来探讨体育社会组织的治理。目前来看，我国体育社会团体形成的特殊背景与机制决定了特殊的政社关系。政府为体育社会团体提供资金支持与场地设施，提供办公场所、财政拨款与财政补贴，给予精神表彰等。可以看出，体育社会团体吸纳政府资源的能力很强，其他体育社会组织由于没有官方背景，在这方面根本无法与政府相提并论，这也从一定程度上反映了我国体育社会团体与政府的紧密关系，体育社会团体对政府资源的依赖与政府对体育社会团体的控制。

从菲利普·C. 施密特提出的政府对社会团体授权、垄断和控制三个维度来看，体育社会团体不仅获得了法律上的合法性，而且政府还通过颁布一系列文件或制定相关政策为体育社会团体提供公共产品或者公共服务。体育社会组织管理的两份重要文件《社会团体登记管理条例》《全国性体育社会团体管理暂行办法》，实际上就是为了确保体育社会团体的垄断地位，使体育社会团体具有排他性。更为重要的是，这些具有官方背景的体育社会团体占据了大量的政府资源，使其他类型的体育社会组织被排除在治理之外，基本无法与其竞争。而且，根据相关规定，政府体育行政部门作为体育社会团体的业务主管单位，包揽了体育社会团体领导人任免、组织结构设置、运行经费划拨、绩效评估与监督考核评估等重大事项。由此不难看出，政府对于体育社会团体的治理授权过程同时也是一种对体育社会团体的控制过程。这恰恰反映了当前自上而下成立的体育社会团体与政府的关系实则为一种“法团主义”[①]关系。所谓的政社之间强制性法团主义关系是指政府运用行政手段和所掌控的各类体育资源实现对体育社会团体运行的全

① 康晓光，韩恒. 分类控制：当前中国大陆国家与社会关系研究[J]. 社会学研究，2005（6）：73－89.

面介入，而体育社会团体为获取运行资源主动迎合政府的强力控制，由此，体育社会团体与政府之间构建了利益共同体。政府通过对体育社会团体的行政控制将“公共体育服务功能”移交给体育社会团体，体育社会团体则通过政府授权而获得组织运行的垄断地位和相应的资源，政社之间形成了紧密的控制与被控制关系。

（四）体育社会团体的外部监督

体育社会团体代表公众利益，具有服务社会的公共责任，因此必须建立外部监督机制，接受外部多元主体的监督；体育社会团体作为公益性非营利组织，可以接受来自社会各界的资助与捐赠，因此也必须接受外部监督。外部监督缺失，可能导致体育社会团体丧失公信力，失去非营利组织存在的价值，组织声誉受到损害，无法履行公共责任，社会捐赠收入将直接受到影响。西方公民社会非营利组织的治理实践表明，外部监督包括来自政府行政部门的监督、社会公众的监督、大众媒体的监督及第三方机构的监督。西方非营利组织的外部监督机制虽有其局限性，但在某些方面可以为我国体育社会团体的外部监督提供借鉴。然而，我国体育社会团体治理的监督机制与西方国家的监督机制差别较大，治理实践中，政府对体育社会团体的监督以行政监督为主，大众媒体监督、社会公众监督及第三方机构监督等在体育社会团体监督工作中并没有发挥相应的作用。2016 年新修订的《社会团体登记管理条例》第五章“监督管理”中详细地列举了相关规定。

第二十四条规定，登记管理机关履行下列监督管理职责：

（1）负责社会团体的成立、变更、注销的登记；

（2）对社会团体实施年度检查；

（3）对社会团体违反本条例的问题进行监督检查，对社会团体违反本条例的行为给予行政处罚。

第二十五条规定，业务主管单位履行下列监督管理职责：

（1）负责社会团体成立登记、变更登记、注销登记前的审查；

（2）监督、指导社会团体遵守宪法、法律、法规和国家政策，依据其章程开展活动；

（3）负责社会团体年度检查的初审；

（4）协助登记管理机关和其他有关部门查处社会团体的违法行为；

（5）会同有关机关指导社会团体的清算事宜。

同时，财政部门监督体育社会团体执行国家规定的财务管理制度的状况；审计部门监督资产来源是否属于国家拨款或者社会捐赠，资助的社会团体是否符合相关规定。可见，目前我国体育社会团体的外部监督仍以政府相关部门监督为主，这说明我国体育社会团体多元主体的外部监督机制尚未形成。

三、体育社会团体的治理困境

（一）内部治理结构虚无，章程未得到遵守

虽然经过几轮治理转型，我国体育社会团体的治理水平得到了一定程度的提升，但我国的体育社会团体内部治理距离现代社会组织治理体制仍有很大差距。首先，内部治理结构虚无。虽然目前我国国家级体育社会团体普遍建立了以权力机构（会员代表大会）、决策机构（理事会）和执行机构（秘书处）为基础的内部治理结构框架，但由于项目管理中心与单项运动协会“同构”，会员代表大会不能完全行使最高

权力，理事会也没有行使决策的权力。除此之外，由于社团管理缺乏硬性规定，监事会也处于一种“缺位”状态，内部监督机制缺失。可见，内部治理结构虚无是当前我国体育社会团体治理面临的主要问题。其次，章程未得到遵守。虽然各个体育社会团体都有自己的章程，但是在组织治理的过程中，章程并没有得到应有的重视，绝大多数体育社会团体将章程视为应付社团管理局或者上级部门检查的摆设，活动的开展、重大问题的决策并没有按章办事，章程内容也没有随着时代的变迁得到及时调整和更新。因此，章程的虚设也是阻碍体育社会团体治理的主要问题之一。

（二）政社不分，行政干预过多

虽然经过多年的努力，“政社分开”取得了长足的进步，但全国性体育社会团体自上而下的生成机制仍然饱受“政府依赖论”的影响，政府与全国性体育社会团体在公共服务供给中各自的职能定位、权力范围、责任边界仍未明晰，制度化、规范化程度较低，单项运动协会在参与体育治理过程中的自身定位依然不明确。单项运动协会和运动项目管理中心各自具有独立法人资格，所承担的责任相当，但体育行政机构为保证对单项运动协会的控制，采取“同构”的模式，导致单项运动协会有名无实，只是作为政府部门的行政末梢。我们在调研中了解到，国家体育总局对全国性体育社会团体行政干预过多，尤其是奥运项目，协会负责人的产生和审批都有着极其严格的要求，规定秘书长以上职务的人选原则上必须经国家体育总局党组审批通过，这势必会影响体育社会组织的自主管理。

（三）法律不健全，治理体制机制不顺畅

社会组织治理受到法律不健全的困扰已成为制约我国社会组织治理改革的中心问题，尤其是在当前社会治理转型的新环境下，完善社会组织法律建设迫在眉睫。现有社会组织治理立法的层次相对较低，不能满足社会组织治理的需要。我国要实现治理体系和治理能力现代化，体育社会组织治理的法律建设必须得到充分重视。更高级别的上位法的缺位削弱了体育社会团体的独立法人地位与参与体育治理的能力。此外，《社会团体登记管理条例》重视登记审批程序与注册条件，重视事前监管，忽视监督管理措施和罚则的制定。条例修订不及时成为制约我国体育社会团体治理的体制因素，使体育社会团体无法及时获得合法地位。

（四）监督机制不健全

我国体育社会团体外部监督单一，内部监督处于虚位状态，监督能力较弱，监督执行不到位。体育社会团体需要构建组织内部的监督机制，对重大决策及其执行进行规范与控制。然而，我国相关法律法规并没有强制规定社会团体必须设立监事会，个别体育社会团体虽设立了监事会，但它并未执行监督职能，因而内部监督成了我国体育社会团体监督的盲点。此外，体育社会团体的董事会监督、规章制度监督等内部监督机制也没有发挥应有的作用。体育社会团体的外部监督以政府监督为主，即双重管理体制下的双重监督。这种监督体制看似强化了监督力度，但实质上严重限制了体育社会团体的运作空间与组织活力。体育行政部门监督重申请监督、轻运行监督，政府部门

之间缺乏协调且监管乏力。除了政府监督之外，缺少其他的外部监督主体，如大众媒体、社会公众、第三方机构等，无法形成多元监督主体格局。体育社会团体内外部监督的不足也是体育社会团体治理的难题之一。

（五）服务能力不足

体育社会团体嵌入政府行政体系，与政府形成依赖关系，虽然可以获得政府资源来保证运作，但是受官僚机制影响，公共意识稍显薄弱，一些体育社会团体在公共服务意识方面的认识尚有差距。通过分析体育社会团体的生成过程，不难看出，部分体育社会团体已然成为某些既得利益者的工具，这种功利化倾向使体育社会团体失去了组织目标与使命感，失去了应有的非政府性、非营利性，以及社会性的、以人为本的价值目标，而转变成了合法转化社会公共资源的技术工具。体育社会组织治理功利化、技术化的倾向严重影响了其服务能力的提高。

第二节　政府行为逻辑下体育基金会治理

体育基金会是指基于一定财产关系，指向性地支持和发展体育慈善事业的非营利性法人组织，包括公募体育基金会和非公募体育基金会。体育基金会作为公益慈善类组织，其组织结构设置、组织运行逻辑关系到组织目标能否实现。鉴于此，本研究对我国体育基金会的内部治理、外部治理和治理困境进行研究，为实现我国体育基金会最优治理提供参考。

一、体育基金会的内部治理结构、机制与制度

与其他社会组织的内部治理相同，体育基金会的内部治理由相互依存、相互制约的内部治理生态系统构成，包括内部治理结构、内部治理机制和内部治理制度。

（一）内部治理结构

通常来看，东西方典型的体育基金会的内部治理结构主要有三种。

第一种是以美国社会组织内部治理结构为典型代表的“以理事会为中心”的一元治理结构。具体而言，它是基于《非营利法人示范法》的框架构建的一种治理结构。该法案明确规定，理事会是基金会的唯一法定机关，基金会的监督权由理事会下属的审计部门、财务部门和地方检察机关、地方税务机关共同行使。

第二种是以日本社会组织内部治理结构为典型代表的“评议员会—理事会—监事会”三元治理结构。该治理结构是基于《一般社团法人及一般财团法人法》而构建的一种治理结构。评议员会、理事会、监事会作为基金会的法定机关，对基金会的重大事项的决策与日常运作进行控制。这种治理结构可以使内部治理稳固而高效，促进基金会公益慈善目标的实现。

第三种是以中国社会组织内部治理结构为典型代表的“理事会—监事会”二元治理结构。它是基于我国的《基金会管理条例》而生成的一种内部治理结构，理事会与监事会是基金会的法定机关。《基金会管理条例》规定：理事会是基金会的决策机构，依法行使章程规定的

职权；监事列席理事会会议，有权向理事会提出质询和建议，并应当向登记管理机关、业务主管单位及税务、会计主管部门反映情况。监事会作为监督机构具有独立性，行使监督和约束理事会决议的权力，且可以兼顾基金会的内部监督与外部监督。理事会和监事会的具体职能如下。

1. 理事会

理事会是体育基金会的最高决策机构。《基金会管理条例》明确规定：“基金会理事长、副理事长和秘书长不得由现职国家工作人员兼任。”“用私人财产设立的非公募基金会，相互间有近亲属关系的基金会理事，总数不得超过理事总人数的 1/3。”理事会的具体职责包括“制定、修改章程；选举、罢免理事长、副理事长、秘书长；审议重大业务活动计划，包括资金的募集、管理和使用计划；年度收支预算及决算审定；制定内部管理制度；决定设立、变更和终止办事机构、分支机构、代表机构；决定副秘书长和各机构主要负责人的聘任”等。

2. 监事会

监事会承担着体育基金会的内外部监督职能，代表受益人对捐赠资产实施监督，有权为保护受益人的利益制约理事会，是监督和约束理事会决策行为的重要机构。例如，《中华全国体育基金会章程》规定：“监事依照章程规定的程序检查基金会财务和会计资料，监督理事会遵守法律和章程的情况。监事列席理事会会议，有权向理事会提出质询和建议，并应当向登记管理机关、业务主管单位以及税务、会计主管部门反映情况。监事应当遵守有关法律法规和基金会章程，忠实履行职责。”“理事、理事的近亲属和基金会财会人员不得任监事。”作为独立的监督部门，监督者与被监督者不应存在利害关系，理事会与监事会应分开、并行，互不从属，理事会无权对监事职责范围内的工作进行干涉，更无权影响监事的产生和罢免。

（二）内部治理机制

体育基金会的内部治理机制是指为了实现基金会的组织宗旨和使命，有效开展公益慈善活动所必需的治理层面的作用机理和运作形式，使组织内权力主体相互制衡、相互协调、各司其职。内部治理机制通常包括激励机制和约束机制，两者相互补充、相互配合，共同解决体育基金会的治理问题。由于我国体育基金会为“理事会—监事会”特殊二元治理结构，其内部治理机制与国外体育基金会有所不同，主要包括决策机制、监督机制、激励机制和信息披露机制。

1. 决策机制

我国体育基金会的理事会是最高的决策机构，为保证体育基金会的治理更加民主化、制度化和社会化，理事会具有绝对的决策权。然而，体育基金会实际运行中真正的决策权往往由少数几位常务理事掌握，甚至是由秘书长来决策。也就是说，理事会并没有真正发挥决策和领导的职能。

2. 监督机制

我国体育基金会的监事会监督、理事会监督和规章制度监督相互联系、相互制约，构成了监督机制。监事会对体育基金会的财务活动进行重点监督，对理事会及执行机构中高层的行为进行有效监督约束。理事会在法律上的重要地位及作为组织中的最高决策机构的属性，决定了理事会在监督治理机制中的监督力度。此外，体育基金会还通过制定一些规章制度来对日常业务与项目活动等进行预防监督。在实际操作中，监事会监督面临着一些困难。监事虽有财务监督权，但无业务监督权；虽可进行事后监督，但无事前和事中监督，而且缺乏必要的保障条件，因此，监督工作无法落到实处。由此可以看出，虽然体育基金会的监督机构设置到位，但是我国体育基金会监督机制的运行仍然需要不断完善。

3. 激励机制

体育基金会的激励机制是在以人为本原则、系统性原则、物质激励原则、精神激励原则、差异化原则的基础上，以提高组织慈善效益为目的、以绩效考核制度为手段的一套有效的激励管理制度。然而，在实际操作过程中，现行双重管理体制的缺陷导致外在结构性激励不足、激励手段过于片面和匮乏、领导者的人格激励不足等问题。据访谈了解，体育基金会的领导大多数为退休官员，激励机制对这些人来说显得可有可无。同时，由于双重管理体制，体育基金会的兼职工作人员多是主管单位的正式职工，拥有事业单位的编制，他们享受着与主管单位职工同样的权利，体育基金会的激励机制对这些工作人员来说似乎毫无意义。因此，目前我国体育基金会尚未建立有效的激励机制。

4. 信息披露机制

为保障捐赠人利益，体育基金会要接受社会公众的监督。依照法律规定，体育基金会需要将自身的财务状况、年度报告、募捐活动等信息向业务主管单位和登记管理机关报告，并公布于众，以使利益相关者了解相关信息。相对于体育社会团体，我国体育基金会的信息披露机制较为完善，尽管目前仍然没有实现完全透明化。此外，我国绝大多数体育基金会选择在官网发布信息，很少与其他媒体进行合作，接受大众媒体的监督。由此可见，我国体育基金会的信息披露机制仍有完善空间。

（三）内部治理制度

我国大部分体育基金会都根据自身的使命建立了相对完善的内部治理制度，主要涵盖财务、人事、信息、志愿者及其他治理制度。体育基金会内部治理制度包括具有约束力的条例、规定和管理办法等规范性文件。

二、体育基金会的外部技术治理

体育基金会的外部技术治理主要包括法律环境、管理方式、税收法规、政社关系、外部监督等，上述几方面相互制约，构成了体育基金会治理的外部环境。

（一）法律环境

1988 年《基金会管理办法》的公布启动了我国基金会管理的立法进程，2004 年《基金会管理条例》的公布开启了我国新一轮基金会立法的序幕。2001 年国家体育总局公布了专门规范全国性体育社会团体的规范性文件《全国性体育社会团体管理暂行办法》。2008 年中华全国体育基金会根据国家发展总体规划与体育基金会发展的现实需求，公布了《中华全国体育基金会专项基金管理暂行办法》，这标志着我国专项体育基金会立法取得了实质性的进步。然而，一些棘手的问题依然存在，例如，少数体育基金会存在捐赠资金违规使用所带来的公信力危机；上位法缺失，立法目的与法域归属的矛盾依然没有得到解决。

（二）管理方式

我国体育基金会的管理是一种全面管控，即政府主导、管控至上，双重管理体制至今仍在运转，部分体育基金会仍采用事业单位的管理模式。双重管理体制非但没能促进体育基金会的发展，自身制度性的固有弊端反而严重阻碍了体育基金会的自主发展。美国体育基金会的注册准入只需得到州政府的批准，且没有准入基金的要求。这种管理方式固然有其局限性，但在某种程度上可以为我国体育基金会管理提供借鉴。我国《基金会管理条例》规定体育基金会的成立要接受业务主管单位的严格审查，且对不同基金会的原始基金进行严格规定：全国性公募基金会的原始基金不低于 800 万元人民币，地方性公募基金会的原始基金不低于 400 万元人民币，非公募基金会的原始基金不低于 200 万元人民币；原始基金必须为到账货币资金。业务主管单位的初期资格审查成为阻碍基金会成立的难以逾越的屏障，相关人员因找不到业务主管单位或未通过审查而被迫放弃成立基金会。

（三）税收法规

《财政部　国家税务总局　民政部关于公益性捐赠税前扣除有关问题的通知》对体育基金会申请捐赠税前扣除资格进行了界定；《财政

部 国家税务总局关于非营利组织企业所得税免税收入问题的通知》对体育基金会所得税免税收入范围进行了规定;《基金会管理条例》对体育基金会的免税范围进行了限定。尽管《中华人民共和国企业所得税暂行条例》对税收优惠进行了明确规定，但体育基金会却不能享受相应的优惠，因为《中华人民共和国企业所得税暂行条例》对其经营范围和方式没有作出明确规定。

（四）政社关系

我国体育基金会的资金不仅仅依靠社会捐助，绝大部分来源于政府的资金资助。当然，体育基金会也希望和政府保持这样的政社关系以获得资金支持，形成体育公益服务的利益共同体，因为单纯依靠个人或企业捐助根本无法开展活动。政府对于体育基金会的控制不同于对单项运动协会的干预，在具体操作环节，体育基金会拥有更多的自主性和自治性。同时，体育基金会基本认可政府的权威，甚至认可体育行政部门在负责人任免方面的介入，体育基金会与政府的互动更多地源于资金方面对政府的依赖。政府对于体育基金会的介入并非全面干预和管控，而是有选择地对体育基金会的重大事项进行指导，具体操作和实施完全由体育基金会单独完成，与对体育社会团体的全面行政干预相比，体育基金会获得了一定的自主发展空间。

（五）外部监督

从理论上来讲，体育基金会作为公益性非营利组织，仅仅依靠内部自律机制显然不能满足对基金会信托性资金监管的需要。从国外实践来看，美国体育基金会的外部监督主要以美国国税局（Internal Revenue

Service)、司法部门、州首席检察官、第三方机构为主，这些机构各司其职，构成多元监督主体。税收、会计的监督由国税局执行，年度审计工作则由政府指定的第三方机构进行，而且第三方机构参与组织公信力评估。我国体育基金会外部监督主体主要包括业务主管单位（国家体育总局、各省、市体育局及其他部门）、登记管理机关（民政部、各省、市民政部门），以及税务机关。毫无疑问，政府作为体育基金会的监督主体，有责任对其资金使用及运营情况进行监督，以此来保证受益人和捐赠人的权益，确保基金会的活动在透明、有序的环境下开展。但是，我国的体育基金会多元主体外部监督体系尚未形成，尤其缺少来自第三方机构和社会公众的监督。根据《基金会管理条例》的规定，业务主管单位和登记管理机关共同监督体育基金会年度工作审计报告，会计事务由会计主管部门依法监督，税收监督由税务部门依法实施。此外，大众媒体也是体育基金会的监督主体之一，但却无法参与其中。

三、体育基金会的治理困境

我国体育基金会构建了理事会和监事会相互制衡的二元治理的内部治理结构和双重管理体制的外部治理结构，业务主管单位负责注册前资格审查与业务监督，登记管理机关负责注册、年检等，两者权力叠加构成外部治理结构。然而，这种看似“双保险”的治理逻辑并没有完全使体育基金会实现良序运转，无法适应社会治理转型的需要。

（一）内部治理存在的问题

1. 理事会决策职能的虚设

从理论意义上说，体育基金会的内部治理就是发挥理事会的职能，在组织运作中实施正确有效的集体行动。体育基金会理事会职权本应相当广泛，具有绝对的决策权，但实际运作过程中并非如此，理事会在治理中的决策职能虚设，更多地体现在日常运作的审核批准、对外联络及构建社会关系上。治理实践中，受现有的法律框架束缚，以及登记管理机关、业务主管单位、基金会理事和执行机构的多重挑战，当前体育基金会理事会决策职能被“架空”，形同虚设。真正的决策职能往往掌握在少数几位理事手中，决策权甚至完全由秘书长掌握。在一定的历史条件下，这样的决策机制对于体育基金会的快速发展曾经发挥重要作用，但随着时代发展，它已经不适应新时代体育基金会的发展要求。

2. 监事会监督职能的缺位

《基金会管理条例》对监事职责做了明确规定，但是实践中监事会缺乏业务监督权，注重事前监督，忽视过程和事后监督，保障监督权行使的系列措施没有得到体现，监督机制难以发挥作用。调研发现，我国大部分体育基金会的监事会与理事会或者秘书长的关系错综复杂，监事会往往被理事会或秘书长间接控制，不能独立发挥监督作用，造成监督职能丧失。此外，我国大部分体育基金会的监事与理事数量比例失衡。无论是地方性还是全国性体育基金会，政府官员兼（担）任监事的现象都普遍存在。可以说，我国体育基金会的监事会监督职能明显缺位。

3. 内部治理机制不健全

在决策机制方面，如前所述，目前我国体育基金会理事会决策职能不能完全实现，所受行政干预过于严重，面临着登记管理机关、业务主管单位、基金会理事和执行机构的多重挑战；少数人控制决策现象较为严重，理事会决策职能被“架空”；决策保障制度不健全。在监督机制方面，业务主管单位和登记管理机关的权力叠加，使有效的内部监督制衡机制尚未形成，监事与理事数量比例失衡；监事会没有发挥应有的监督作用；监事、理事和秘书长依附关系严重；注重事前监督，忽视过程和事后监督。在激励机制方面，目前我国体育基金会的内部激励机制功效不足；过于强调物质激励和精神激励，忽视制度激励；工作人员的绩效考核体系缺乏立法和制度约束；激励方式过时，难以吸引优秀人才加入。在信息披露机制方面，对信息公开的标准、范围、方式缺乏明确规定，信息公开透明度较低，信息披露的相关约束制度不健全。

4. 内部治理制度效果不佳

从整体情况来看，我国体育基金会在制度制定上缺乏整体、系统、长远的统筹规划，规章制度应有的权威没有得到体现。全国性体育基金会内部治理制度的建设程度要高于地方性体育基金会，公募体育基金会内部治理制度的建设程度要高于非公募体育基金会。从制度内容上看，往往重责任轻权利，重约束轻处罚。从制度执行来看，单纯地重视制度的制定，而轻视制度的执行，有些体育基金会的内部治理制度从制定之初就被束之高阁，丧失了存在的实际意义。

（二）外部治理存在的问题

1. 法律法规不健全

目前我国体育基金会的法律体系包括一部行政法规和两部部门规

章，分别是《基金会管理条例》和《全国性体育社团管理暂行办法》《中华全国体育基金会专项基金管理暂行办法》。上述法规都属于行政法规或部门规章，因此权威性不足。例如，《基金会管理条例》属于程序法而非实体法，由于制定过程缺少中华人民共和国财政部（以下简称财政部）、国家税务总局等机构的参与，对于极为重要的免税资格认定、信息披露等没有涉及，而这些机构针对基金会的部门规章也是“就事论事”，对实践中基金会出现的行政管理问题缺乏系统把握。可以看出，目前我国体育基金会的立法层次不足，缺乏上位法；立法相关部门缺乏一定的整合性，远不能满足当前体育基金会的发展需要。

2. 双重管理体制仍在运行

我国体育基金会在管理体制方面的改革只是对双重管理体制进行了技术性的策略化改造，这种管理体制对体育基金会的实质制约仍未消除。从政府行为的角度看，基于双重管理的登记管理制度对于降低所谓的“社会管理”风险具有十分重要的作用，可避免制度生产风险，但随着我国经济的发展和社会秩序的重建，双重管理体制制约了体育基金会的发展，限制了体育基金会的社会服务功能的发挥，影响了捐赠者与受益人的权益，成为体育基金会发展的最大瓶颈。基金会注册前要求挂靠业务主管单位并进行资格审查，许多体育基金会因找不到挂靠单位，不得已注册为工商企业，也就享受不到相关国家政策对于基金会的支持。虽然各部委、地方政府都相继出台了体育社会组织直接登记制度，但体育基金会的双重管理体制仍在运行。

3. 税收法律体系尚未统一

有关基金会的关税、增值税、经营性收入和有价证券收益的政策主要由财政部、国家税务总局、民政部下发的一些通知、办法和规定等组成。对于体育基金会捐赠者的税收优惠，主要涉及《中华人民共和国个人所得税法》《中华人民共和国企业所得税法》和《财政部 国家税务总局 民政部关于公益性捐赠税前扣除有关问题的通知》等；对于体育基金会免税资格认定的主要依据有《中华人民共和国企业所得税法》《中华人民共和国企业所得税法实施条例》《关于非营利组织免税资格认定管理有关问题的通知》等。可以看出，我国体育基金会的税收法律体系尚未统一，没有一部完全适用于体育基金会的税收优惠与免税资格认定的税法。这种缺乏系统性和整体性的税法体系无法体现税法对体育基金会发展的引导与激励作用，势必降低各捐赠主体的积极性，且体育基金会本身难以形成准确的募捐预期，影响慈善捐赠事业发展。可见，我国体育基金会税收法律体系缺乏合理性和整合性。

4. 外部监督网络没有形成

当前我国对体育基金会的监督主要由业务主管单位、登记管理机关和职能主管部门实施，这种政府跨部门的监督机制缺乏监管协同效应，造成了体育基金会监督碎片化。除此之外，我国体育基金会缺乏社会监督，社会公众监督、大众媒体监督和第三方机构监督没有参与其中。社会监督是弥补政府监督力量单薄、方式单一的最有效的监督力量。构建体育基金会与政府部门、第三方机构、大众媒体和社会公众的监督网络是大势所趋。

第三节 政府行为逻辑下体育民非治理

体育类民办非企业单位（简称为“体育民非”）是指由企业事业单位、社会团体、其他社会力量和公民个人利用非国有资产创办的、不以营利为目的的、以开展体育活动为主要内容的社会组织，具体表现形式主要是非营利性体育俱乐部等。《2017 年社会服务发展统计公报》显示，截至 2017 年末，全国共有法人登记的体育民非 1.8 万个，占民办非企业单位总数的 4.5%。体育民非中有政府部门资助创建的青少年体育俱乐部，还有企业、学校、社区、个人等民间力量发起成立的相关企业。可以说，体育民非作为我国特有的体育社会组织类型，对我国群众健身、青少年体育服务的发展发挥了重要作用。然而，在我国总体性社会变迁与社会转型的时代特征下，体育民非的发展受制于资源短缺、体制不畅等现实压力。因此，本书在政府行为逻辑下，对体育民非的内部治理、外部治理、治理困境等要素进行系统阐述和分析，旨在为体育民非构建现代治理体系提供理论与实践的借鉴。

一、体育民非内部治理结构、机制与制度

（一）内部治理结构

体育民非内部治理结构主要包括组织内部权力、决策、执行、监

督等一系列运行结构。在治理视角下，构建决策、执行和监督三位一体的权力制衡机制是实现组织治理的重要环节。行政领导负责制、理事会负责制、董事会负责制、经理负责制、主任负责制和管委会负责制是当前我国体育民非的几种主要治理形式。

从决策机构来看，虽然《民办非企业单位登记管理暂行条例》没有明确要求设立理事会，但根据组织治理理论，作为必要的组织机构，理事会（董事会）应成为体育民非的决策机构。理事会（董事会）作为体育民非的最高权力机构，在体育民非的组织运筹、重大事项决策、交流互动中发挥着重大作用。与理事会（董事会）负责制不同的是，主任负责制是我国体育俱乐部中比较常见的治理形式，由挂靠单位选定负责人对组织进行管理，这种治理方式的优点是可以获得挂靠单位的人力、物力资源，缺点是极易造成体育民非丧失独立性、自主性，受挂靠单位的管理机构影响，没有独立的决策机构和独立的人事任免权，而行政领导负责制和经理负责制与主任负责制的运作模式基本相同。由此可见，目前以理事会（董事会）治理作为体育民非主要治理形式还未实现常态化。

理事会（董事会）决定体育民非的执行机构（办公室）的主要职责为组织实施业务活动、主持日常业务管理工作等。然而，现实情况是即便体育民非章程明确规定了办公室为执行机构，而且我国大部分体育民非都设置了独立的办公室，但工作人员的聘用却呈现出典型的临时性特征。这种情况在全国各省市青少年体育俱乐部中极为普遍。可以看出，目前我国体育民非的执行机构和工作人员基本上都是虚设的，未能真正发挥一个执行机构本应有的具体管理职能，也未能对理事会负责。

我国《民办非企业单位登记管理暂行条例》并没有对设立监事会进行强制性规定。我们在调研中了解到，虽然我国体育民非章程已经规定了监事会的职责，但具体操作中虚设监事会甚至未设监事会的现象十分普遍。尤其是在主任（或者行政领导）负责制的治理形式中，由于体育民非与挂靠单位之间的资源依赖关系，监事会对体育民非的监督虚设。由此可见，目前我国体育民非尚未建成以监事会为监督机构的治理形式。

（二）内部治理机制

从西方非营利组织的治理实践来看，体育民非的决策机制应包括会员（代表）大会决策机制、理事会（董事会）决策机制、理事长（董事长）决策机制和民主决策机制。理事长（董事长）决策机制主要针对重大事项和活动之外的日常工作的决策。虽然体育民非的章程明确规定，会员（代表）大会为最高权力机构，但大部分会员参与决策的积极性较低，造成会员（代表）大会决策及民主决策基本上不存在。目前，体育民非主要由挂靠单位或投资者做出决策，理事会决策仅停留于形式层面。

从监督机制看，体育民非的监督机制应包括内部监督、外部监督和同行监督三部分。体育民非的内部监督机制主要包括董事会监督、监事会监督、规章制度监督等对组织中个体的监督，上述监督的使命是提高体育民非内部治理水平。然而，上述监督在体育民非治理中基本处于停滞状态。

从融资机制看，体育民非的融资机制即通过某种方式募集到项目运作的资金，从而实现组织的社会公益使命。《体育类民办非企业单位登记审查与管理暂行办法》规定，体育民非可以依法通过以下方式获得发展资金：接受捐赠、资助；接受政府、企事业单位、社会团体、其他社会组织和个人的委托项目资金；为社会提供与业务相关的有偿服务所获得的报酬；其他合法收入。然而，现实中，目前我国体育民非融资渠道过于单一，社会募捐比例偏低、创收能力严重不足，资金主要来源为政府体育彩票公益金扶持，个人（企业）出资和捐赠只占较小的比例。这种融资方式充分表明我国体育民非的融资机制亟待完善。

体育民非作为公共服务提供者，激励机制的构建有助于其提供优质的公共产品与公共服务。体育民非的理事会（董事会）作为看护者或委托人，倘若没有完善的委托人激励机制和工作人员激励机制，就难以保证体育民非公益使命或公益目标的实现。立法并没有对体育民非管理人员的激励进行规定。因此，当前体育民非的治理迫切需要建立激励机制。

问责机制是相关问责主体对其管辖范围内各级组织和成员承担职责和义务的履行情况，实施并要求其承担否定性后果的一种责任追究制度。体育民非的责任主体包括理事会（董事会）、监事会，以及组织管理人员等。现行有关体育民非的管理制度没有明确阐述理事会、监事会及组织管理人员对体育民非应尽的义务和责任。行政领导负责制的体育民非的问责机制更是虚设。对体育民非本身最严厉的处罚是撤销登记。

（三）内部治理制度

体育民非治理需要设计一系列科学的治理制度，并使之与治理结构和治理机制匹配，这样才能提高治理效果。我国大部分体育民非的内部治理制度建设与体育社会团体和体育基金会相比稍显滞后。根据体育民非的治理实践，本研究对会员制度、民主决策制度、财务公开制度、信息披露制度、岗位问责制度等几个主要制度存在的问题进行剖析，为后续研究提供解决的策略。

目前我国的体育民非并没有实行真正意义上的会员制度，很多体育民非对会员制度的理解存在偏差。

民主决策制度是提高决策水平和管理水平，推进体育民非议事决策的科学化、民主化、规范化，提高治理水平的一种重要决策制度。体育民非社会公信力不足，充分说明目前我国体育民非的民主决策制度并不完善。因此，对重大事项的决策必须充分发挥理事会、监事会的作用，以民主协商的方式处理内部事务。

体育民非的经费来源包括政府体育彩票公益金、依托单位资助、社会捐赠、利息等，还有一小部分有偿服务获得的收入，因此，其财务公开程度对提高社会公信力和捐助者的积极性十分重要。调查显示，在我国，29.3%的俱乐部仅有自身内部审计，6.3%的俱乐部财务报告没有接受任何部门审计。[①] 因此，目前我国体育民非的财务公开制度仍需完善。

基于公共责任的信息披露制度是公众对体育民非进行有效监督的前提。体育民非作为公共财产代理人，有责任、有义务向社会提供真实可靠、及时全面的财务分配信息。另外，体育民非的运营需要社会

① 刘芳梅.我国青少年体育俱乐部监督机制的构建[J].韶关学院学报，2009，30(3)：112－117.

捐赠，因此，其自身公信力建设尤为重要。为了获取和保持公信力，体育民非必须及时有效地与社会进行信息交流。从目前治理的实践来看，体育民非虽然建立了信息披露制度，但实际披露的信息有限。事实上，当前体育民非社会募捐能力不强，也从侧面反映了信息披露制度执行力度不够。

岗位问责制度既是提高组织管理效率的直接体现，也是建立约束激励机制和考核评价机制的直接根据。社会组织理事会作为最高权力机构，如果决议违反法律、法规或章程，参与决议的理事会应承担责任，但是，从目前我国体育民非的治理实践来看，岗位问责制度并没有得到体现。没有岗位问责，约束激励也会失去作用。因此，岗位问责制度不完善是影响体育民非治理的问题之一。

二、体育民非外部技术治理

（一）体育民非的法律体系

我国各类别、各部门、各内容的体育民非法律法规已非常全面，在约束体育民非行为与保障体育民非发展中发挥了极为重要的作用。我国体育民非的法律体系包括《民办非企业单位登记管理暂行条例》《体育类民办非企业单位登记审查与管理暂行办法》等法律、法规、部门规章和规范性文件（表 5－3），但是在治理视域下，这种多部门监管的法律体系似乎又存在一定的缺陷和弊端，影响了体育民非的治理进程和效果。

表 5–3　我国体育类民办非企业单位法律体系

类别	名称	颁发机关或部门	颁发时间
常用法律、法规	《中华人民共和国慈善法》	全国人大	2016 年
	《民办非企业单位年度检查办法》	民政部	2005 年
	《民办非企业单位登记暂行办法》	民政部	1999 年
	《民办非企业单位登记管理暂行条例》	国务院	1998 年
行政法规	《关于促进慈善事业健康发展的指导意见》	国务院	2014 年
部门规章	《体育类民办非企业单位登记审查与管理暂行办法》	国家体育总局、民政部	2000 年
	《民办非企业单位印章管理规定》	民政部、公安部	2000 年
	《民办非企业单位名称管理暂行规定》	民政部	1999 年
规范性文件	《关于公益股权捐赠企业所得税政策问题的通知》	财政部、国家税务总局	2016 年
	《关于公益性捐赠税前扣除资格确认审批有关调整事项的通知》	财政部、国家税务总局、民政部	2015 年
	《慈善捐赠物资免征进口税收暂行办法》	财政部、海关总署、国家税务总局	2015 年
	《关于支持和规范社会组织承接政府购买服务的通知》	财政部、民政部	2014 年
	《关于深入开展民办非企业单位信息公开和承诺服务活动工作的意见》	民政部	2007 年
	《民政部关于做好民办非企业单位登记管理试点工作的通知》	民政部	2000 年
	《关于开展民办非企业单位复查登记工作的意见》	民政部	1999 年
	《关于核定民办非企业单位登记收费标准有关问题的通知》	国家计委、财政部	1999 年
	《财政部关于对明确民办非企业单位财务管理制度等问题的函》	财政部	1999 年
	《民政部、中国人民银行关于民办非企业单位开立银行账户有关问题的通知》	民政部、中国人民银行	1999 年

（二）体育民非的管理方式

从现行的管理体制来看，体育民非和体育社会团体、体育基金会一样，实行“归口登记、双重负责、分级管理”的双重管理体制。这一双重管理体制在一定时期适应我国国情，对维护社会秩序与规范社会管理发挥了重要作用，但随着时代的发展，社会转型与社会秩序重构，双重管理体制暴露出许多问题。政府行为的本质是将体育民非置于自身有效控制之下，其弊端主要在于以下三方面：第一，业务主管单位与登记管理机关两个政府行政部门都拥有“一票否决权”，导致体育民非注册时间延长、效率低下，容易造成两个单位行政职能不明晰；第二，双重管理体制导致部分具备注册条件的体育民非由于找不到业务主管单位，被迫在工商部门注册为企业；第三，双重管理体制下过于严苛的登记门槛致使大部分致力于公共服务但规模较小的体育民非无法注册而只能成为“黑户”。尽管上海、广州等发达地区实施属地备案制，赋予体育民非行政合法性，但实质上这一变通的方法也是无法可依的。可见，推进体育社会组织管理体制的改革依然任重而道远。

（三）体育民非与政府的关系

从资源依赖理论的视角看，组织要生存与发展必须掌控关键资源与要素。因此，体育民非与相关组织或者部门进行互动，交换资源，这种长期的合作使二者自然而然地形成了一种互相依赖的关系。目前，我国体育民非与政府之间存在依赖性共存关系。具体而言，政府体育行政部门运用自身掌控的权力和行政体系直接建立体育民非，由政府提供组织发展所需的各类资源，这类组织与政府虽然不是上下级之间的隶属关系，但往往被看作政府体育行政部门的行政末梢或者执行机构。另一种情况下，体育民非不是由政府直接组建成立的，但其法人代表是政府退休官员，这类组织也寻求与政府建立密切联系，从而获取相应的资源。第三种情况下，体育民非由民间发起，独立于政府，组织运作不依赖政府提供资源，这类组织仅在政府行政规则下的社会空间生存，与政府的关系相对疏远。从治理的角度出发，真正良性的政社关系应当是在公共体育产品与服务供给中形成“地位平等、角色互补、利益共享”的共生机制。

（四）体育民非的外部监督

体育民非作为公共利益的代表，反映大众的诉求，社会公信力是其发展的社会基础。提升体育民非治理水平，使其赢得社会公众的信任与支持，不仅需要完善的内部监督机制，还有赖于健全的外部监督机制。只有内部监督与外部监督相互联结，监督合力才能有效发挥，体育民非的社会公信力才能得以提高。

就当下实施的监督制度与机制来说，我国体育民非的监督主要来自政府的监督。政府是唯一可以依赖自身权威强行对体育民非进行监督的机构。根据《民办非企业单位登记管理暂行条例》的相关规定，体育业务主管单位主要负责体育民非成立、变更、注销登记前的审查；监督、指导体育民非遵守宪法、法律、法规和国家政策，按照章程开展活动；对体育民非进行业务指导；负责体育民非年度检查的初审；会同有关机关指导体育民非的清算事宜；协助登记管理机关和其他有关部门查处体育民非单位的违法行为；履行其他应由业务主管单位履行的职责。各级民政部门主要负责体育民非的成立、变更、注销登记；对体育民非实施年度检查；对体育民非单位违反本条例的问题进行监督检查，对体育民非违反本条例的行为给予行政处罚。同时，体育民非接受财政部门的财务监督及审计机关的监督。可见，目前我国体育民非的外部监督以政府监督为主，大众媒体仅进行正面宣传和事后报道，缺乏应有的监督意义，社会公众监督与第三方机构监督机制尚未建立。

三、体育民非治理困境

（一）内部治理问题是体育民非治理的根本问题

我国体育民非还存在一定的内部治理缺陷，治理结构、治理机制与治理制度存在不同程度的问题，严重影响了体育民非治理的效果。首先，治理结构虚设。理事会、监事会治理结构虚设，理事会无法发挥决策和治理作用。由于挂靠单位成立的体育民非较多，主任负责制的治理结构仍是主流。临时组织的执行机构影响治理效果，因项目需要临时组建管理部门的现象严重，缺少专职管理人员。没有建立与会员（代表）大会相对应的最高权力机关，依托单位对体育民非的监督机制基本上形同虚设。其次，治理机制不完善。从决策机制来看，决策主要由依托单位，甚至由挂靠单位的主要行政领导进行，缺乏必要的理事会决策机制、民主决策机制；从监督机制来看，缺乏社会监督、董事会监督、监事会监督、规章制度监督等机制；从融资机制来看，缺乏多元、合理的融资机制；从激励机制来看，目前尚未建立内部激励机制；从问责机制来看，目前尚未建立针对体育民非的人员问责机制。最后，治理制度不健全。

（二）外部监督问题是体育民非治理的关键问题

完善的外部监督体系是体育民非实现公益使命、取得社会公信力的基础。然而，我国体育民非多元监督体系尚未形成，政府监督乏力，大众媒体监督效能低下，利益相关者监督缺位，志愿者监督缺失，社会公众监督与第三方机构监督不完善。第一，政府监督乏力。双重管理体制下的监督，政出多口、职责不清，人为地造成了职能冲突和监管乏力，而且注重事前监督，缺乏事中与事后监督。第二，大众媒体监督效能低下。大众媒体监督作为继立法、司法和行政之后的“第四种权力”，在我国体育民非治理中并没有发挥应有的外部监督职能，反而成为政府行政职能的延伸，宣扬政绩的工具。第三，利益相关者监督缺位。对于体育民非这样代表公共利益的组织来说，它们并没有传统意义上的所有者，因此，利益相关者（捐助者、受益者、政府部门、依托单位等）的监督就显得尤为重要，但我国体育民非捐助者与受益者监督机制并没有建立，依托单位监督形同虚设。第四，志愿者监督缺失。志愿者是体育民非得以生存的一支重要力量，发挥着重要的监督职能，但是调研结果显示，部分志愿者甚至不知晓自身应有的监督职能。第五，社会公众监督机制没有建立。由于缺乏畅通的渠道，社会公众的诉求不能及时得到反馈，长此以往，公众对社会组织监督漠不关心。第六，第三方机构监督缺位。第三方机构监督是西方国家对体育社会组织进行监督的主要形式，我国体育民非社会公信力不足、资金募集困难等问题出现的主要原因就是缺少第三方机构监督。因此，建立独立的第三方评估监督机构对于体育民非治理来说尤为关键。

（三）组织产权问题是体育民非治理的核心问题

由于我国的体育民非大多是依赖企事业单位、学校等提供场地等要素资源建立的民办非企业单位性质的体育俱乐部，因此在产权归属上存在较大的问题。按照现代产权理论，产权指的是“所有者自由行使并不受他人干涉的关于资源的权力”①，将其具体化，就是一种基于物的所有权、使用权、占有权、支配权、收益权和处置权等的行为选择权。那么，针对体育民非的产权问题，下述两方面问题都需要解决。第一，体育民非产权界定不清。按照《民办非企业单位登记管理暂行条例》的规定，体育民非是指企业事业单位、社会团体和其他社会力量，以及公民个人利用非国有资产举办的，从事非营利性社会服务活动的社会组织。但是大多数体育民非依托学校（青少年体育俱乐部）和企事业单位（群众体育中心）创办，很难分辨哪一部分是国有的，哪一部分是非国有的。第二，出资人不享有资产所有权。体育民非注册成立后，根据《民间非营利组织会计制度》的规定，其财产被视为公共财产，一旦组织解体清算，发起成立时的资产不再重归出资人，即出资人不享有该资产所有权，多数发起者不认可这项规定。因此，组织产权不清是体育民非治理的核心问题，严重影响了热心体育公益的出资人的积极性。

（四）法律法规问题是体育民非治理实践的焦点问题

法律法规问题是体育民非治理实践的焦点问题。税收优惠、免税

① 罗军．民办非企业单位发展困境的核心问题及其应对[J]．社会建设，2015，2（3）：20–25．

资格认定、与上位法矛盾、缺乏可操作性等问题，严重影响了体育民非治理。我国体育民非的法律体系还不完善。首先，多部门之间法律衔接不畅。例如，目前涉及体育民非税收优惠政策的法律法规较多，《中华人民共和国公益事业捐赠法》《中华人民共和国企业所得税法》《财政部 国家税务总局关于非营利组织免税资格认定管理有关问题的通知》《关于非营利组织企业所得税免税收入问题的通知》等相关法律、部门规章都有规定，但缺乏明确、统一的税收优惠与免税资格的认定。其次，《民办非企业单位登记管理暂行条例》与上位法和其他法律之间存在矛盾与冲突。以体育民非是否可以从事营利性活动为例，《民办非企业单位登记管理暂行条例》规定严禁体育民非从事营利性活动，应按照民非社会组织的性质从事非营利性活动，但《中华人民共和国企业所得税法》只是规定非营利组织从事营利性活动所得不享受税收优惠，并没有禁止从事营利性活动。再以是否可以接受捐赠为例，《民办非企业单位登记管理暂行条例》规定民办非企业单位可以接受捐赠，但上位法《中华人民共和国公益事业捐赠法》中却没有直接涉及民办非企业单位是否可以作为受赠主体的内容。因此，《民办非企业单位登记管理暂行条例》的某些规定与上位法之间存在矛盾冲突，治理中容易出现混乱。最后，体育民非治理相关法律法规缺乏具体性和可操作性。《民办非企业单位登记管理暂行条例》和《体育类民办非企业单位登记审查与管理暂行办法》对于财务审核评估、免税资格认定等缺乏具体的、有可操作性的规定。从本质上说，现有关于体育民非的法律法规缺乏治理的基本规范，治理效力较为薄弱。

第四节　政府行为逻辑下草根体育社会组织治理

“草根”有多重意思，在这里，我们将其界定为自发的、基层的、民间的。人们将自下而上、由民众自发组建的基层社会组织称为草根组织。草根体育社会组织是一种约定俗成的说法，它是指自发形成，尚未在民政部门登记注册，影响力较小，但贴近大众生活的自主发展和自我治理的体育社会组织，包括城乡社区体育健身组织、农村基层体育健身组织、民间业余体育赛事组织、网络体育组织等。草根体育社会组织的发育路径是自下而上的，具有非官方性特征。草根体育社会组织由具有出众魅力和能力的领导者发起和成立，基于社会的价值和使命凝聚而成，采用领导者威权的治理组织结构。因此，在社会治理转型、社会秩序重构的背景下，对草根体育社会组织进行研究可以不断扩展理论研究领域，从现实出发，关注草根体育社会组织的生存境况，探寻治理改革路径。

一、草根体育社会组织内部治理结构、机制与制度

（一）内部治理结构

田野调查显示，草根体育社会组织的结构一般包括正式的体育组织和非正式的体育组织两种。正式的草根体育社会组织虽然规模较小，影响力有限，但按照现代科层制的管理体系构建内部治理框架，且具有稳定的组织结构与形态，并对机构设置、人员构成、入会方式，以及组织负责人选举、职能与权限做出了明确规定；非正式的草根体育社

会组织往往以体育骨干（群众体育精英）为核心，没有正式的组织结构。体育骨干（群众体育精英）在组织成立之初就成了组织的核心，随后在组织运行过程中也构成了组织治理的核心，且核心成员的扩散效应相对明显。综上所述，当前我国草根体育社会组织的内部治理主要有以科层制为主的治理结构和以体育骨干（群众体育精英）为主的多核心治理结构两种模式。无论哪种模式，草根体育社会组织都与当地乡土社会的圈层文化紧密相连，但单独存在。原因在于，草根体育社会组织的生发形式、非官方性特征和自主性治理的特征已经很好地融合了乡土社会特征。

（二）内部治理机制

1. 精英动员机制

从我国草根体育社会组织的实践来看，精英动员成为其最为重要的动员机制。“卡里斯玛（Charisma）”式的能人既是组织初创时的重要发起者，也是后期发展中的掌舵人和管理者。结合自发性群众体育组织的生发逻辑，本研究认为组织成员或因共同的兴趣爱好而行动，或因共同的价值理念而行动，或因共同的利益驱使而行动，但无论如何，精英人群对于组织的构建均发挥了重要的动员作用，表现出更高的整合度和更高的动员效率。草根体育社会组织发展的初期，领导者的“卡里斯玛”特质凝聚价值认同的能力，不辱使命、不惧风险、勇于牺牲的勇气都在持续推动着草根体育社会组织的发展。

2. 民主治理机制

虽然草根体育社会组织由能人主导组织方向和决策组织行动，但是草根体育社会组织产生于基层，积极反映大众体育诉求的优势使其找到了生存空间。草根体育社会组织虽没有正式的治理文本，但在治理实践中群策群力，基本实现了民主决策、民主监督、民主管理的民主治理，回归了体育社会组织的本来面目。

3. 信任契约机制

埃莉诺·奥斯特罗姆（Elinor Ostrom）认为：“自组织是迥异于层级和市场的第三种治理机制，这种基于信任关系与民主协商的自治理模式是富有效率、自下而上的方式，而且能有效克服政府模式的低效率和市场模式的不公平。”[①]草根体育社会组织自主意识强，对自身发展有理想与规划，不依附于任何权威。从网络结构层面上看，依赖口碑声誉的关系网动员、共同目标、封闭网络结构可以给草根体育社会组织带来结构性信任；从互动关系层面来看，相互受益、人情交换、情感关系、可信赖行为是草根体育社会组织信任契约机制产生的基础。例如，农村社区中的村规民约在当下的农村体育赛事组织发展中仍然发挥着极其重要的规范与约束作用。乡村中的能人依赖自己的人脉，使农村体育组织的信任契约机制得以形成。

（三）内部治理制度

无疑，正式的制度体系对于组织的激励与约束作用是非常重要的，但对于草根体育社会组织而言，结构简单、基于信任与民主协商的非正式制度却显示出了更加强大的实用性和适用性。就草根体育社会组

---

① 埃莉诺·奥斯特罗姆. 公共事物的治理之道：集体行动制度的演进 [M]. 余逊达，陈旭东，译. 上海：上海三联书店，2000.

织本身而言，虽然没有制定正式的制度，或者说正式制度没有得到执行，但组织内部约定俗成的规则对成员的约束和激励效果一点儿也没有减弱。草根体育社会组织在遵守国家法律法规的基础之上，仍保持着具有乡土气息的自组织运行逻辑。

草根体育社会组织作为一种自发的、自下而上的独特的社会组织，遵循一种与正式体育社会组织相对应的不同的逻辑。以风俗习惯、村规民约等为内容的非正式制度呈现出实用化和现实化的特征，也是我国草根体育社会组织特色治理制度的表现形式。非正式制度塑造了草根体育社会组织特殊的权力运行模式，决定了草根体育社会组织治理的实际效果。因此，在当前我国熟人或宗族的既有关系圈层内，草根体育社会组织内部治理制度的乡土文化仍然在其治理实践中发挥着重要的作用。

二、草根体育社会组织外部技术治理

（一）草根体育社会组织的管理方式

为实现社会治理转型与社会秩序重构，我国政府已经将社会组织作为参与管理公共事务的多元主体之一，但总体上依据社会组织提供服务的领域及类型，以及对社会秩序的影响进行分类控制。基于此，政府对草根体育社会组织实行“有限放任”管理，也就是说，政府对于草根体育社会组织的发展不做过多行政干涉，让其在一定范围内自由发展。原因在于，草根体育社会组织虽然未像体育社会团体或者体育基金会一样进行登记注册，不具有法律合法性，但其具有提供公共体育服务的属性，而且也不会对社会秩序造成严重威胁。相反，草根体育社会组织对于稳定基层安定团结的局面和丰富大众的业余生活发挥着极大的作用。所以，政府愿意为草根体育社会组织让渡更多的公共体育治理空间来任其自由发展，避免更多的行政干涉，即实施“不干涉、不鼓励、不取缔”的管理政策。当然，政府也绝对不是真正对这些草根体育社会组织不闻不问，对于发展较好且做出突出贡献的草根体育社会组织，以及部分获得属地备案和行政合法性，且提供的公共体育服务与政府的关注重点一致的草根体育社会组织，政府会给予一定的财政支持和业务引导。那些对社会稳定构成潜在威胁或者有损我国体育事业声誉的组织或行为，就是触碰到了政府的“底线”，严厉的管控就会随之而来，这些组织甚至会被坚决取缔。

综上所述，我们可以从正反两个方面来看待我国政府对于草根体育社会组织的管理方式对草根体育社会组织发展的影响。消极影响在于，政府培育与发展自发性群众体育组织的力度不足，未赋予其合法地位，造成草根体育社会组织活力不足、发展乏力；积极影响在于，政府的“不干涉、不鼓励、不取缔”的“有限放任”管理在一定程度上为草根体育社会组织的自主、独立发展提供了宽松的外部环境和适度的治理空间。随着草根体育社会组织在提供公共体育服务中的突出作用显现出来，经济发展较好的东部省份对草根体育社会组织的关注程度越来越高、支持力度越来越大，体现出了国家与社会关系的新变化，草根体育社会组织逐步实现了治理改革。

（二）草根体育社会组织的治理实践

在党的十八大提出的实现社会治理体系和治理能力现代化的大背景下，中央及地方政府有针对性地采用直接登记、备案制度、购买服务等方式对草根体育社会组织进行了治理改革，旨在积极促进草根体育社会组织健康有序发展。

1. 直接登记

各地积极推进社会组织体制改革，作为其中的一项重要举措，对四类社会组织（行业协会商会类、科技类、公益慈善类、城乡社区服务类）实行无须行政主管部门审查，可直接向民政部门申请登记的制度。2012 年 4 月，广东省出台《关于进一步培育发展和规范管理社会组织的方案》，对以上四类社会组织可直接向民政部门申请登记进行实践探索，并明确了“放宽社会组织准入门槛，简化登记程序，申请成立社会组织，由民政部门直接审查登记”等一系列促进直接登记的政策。草根体育社会组织作为城乡社区服务类的社会组织，毫无疑问地成为直接登记注册对象。这一改革举措对于草根体育社会组织的治理具有重大的意义。

2. 备案制度

随着草根体育社会组织的数量逐渐增多，其社区影响力逐步扩大，监管问题受到各级政府的重视。在“简政放权，放管结合，优化服务”的政策方针指引下，近年来，我国民间组织管理局大力推广社会组织属地备案管理制度。这一制度突破了社会组织双重管理体制的束缚，使实施登记和备案双轨制改革得以同步推进。备案制是由街道（乡镇）作为业务主管单位，由旗县（区市）民政部门统一备案的社会组织管理制度，使大量游离于体制外的、不具有法人资格的草根体育社会组织获得了行政合法地位，并进入了政府的监管范畴。以社会组织治理改革一直走在全国前列的广东省为例，政府在《关于进一步培育发展和规范管理社会组织的方案》中明确规定，乡镇（街道）的社会组织由县（市、区）民政部门直接办理法人登记，以街道办事处、乡镇政府作为业务指导单位。达不到法人登记条件的，可直接向当地街道办事处（乡镇政府）申请非法人登记。以社区、村为活动范围的，实行备案制。总体来说，民政部民间组织管理局的备案制度政策导向、地方政府备案制度的探索实践为各地实施草根体育社会组织治理提供了实践经验。

3. 购买服务

近年来，各级政府都在积极探索和尝试向社会组织购买服务，转变政府职能，将原有的政府提供的公共服务交于社会组织承担，使政府购买社会组织服务逐步实现制度化、常态化，从原来的单一地向单项运动协会购买大众赛事服务转变为向基层草根体育社会组织购买公共服务。各地相继出台购买政策及购买目录，实现了开放办体育，解决了部分草根体育社会组织的资金困难问题，促进了草根体育社会组织的发展。

4. 草根体育社会组织与政府的关系

草根体育社会组织与政府部门究竟是何种关系？草根体育社会组织不是体育行政部门的“伙计”，不受其任意支配，而体育行政部门也并非草根体育社会组织的“老板”，可以一意孤行。由于草根体育社会组织自带乡土气息，既无行政合法性，又无法律合法性，更缺乏足够的运作资源，因此从理论上来说，草根体育社会组织应该优先选择政府作为合作伙伴。然而，现实是，政府对于草根体育社会组织发展既扶持又限制的矛盾态度使大部分草根体育社会组织在自生秩序与政府干预的选择中挣扎，因此，对政府的行为和政策并没有积极回应。即使在现有的现代社会管理体制改革政策话语体系下，大部分草根体育社会组织也根本无法或者不情愿利用政府网络进行运作。

地方政府对社会变革的认识程度决定了草根体育社会组织改革的进程和发展。地方政府位居社会治理改革的第一线，既是政策的制定者，也是方案的执行者。近年来，东部沿海省份在草根体育社会组织治理变革中走在了前列，摸索出了许多有益的经验，形成了地方治理特色。对于内陆省份来说，政府对草根体育社会组织的态度还停留在“制度限制”阶段，使草根体育社会组织处于不利的发展环境，难以注册，难以获得政府的信任和资源的配置。因此，地方的草根体育社会组织治理转型依赖于政府部门执政理念的更新，以及对草根体育社会组织治理的正确认识和理解。

三、草根体育社会组织治理困境

草根体育社会组织治理存在许多困境。首先，内部管理的松散粗放。草根体育社会组织缺乏一套权力、决策、执行、监督的内部制衡机制，存在能人依赖及制度化缺失问题。“卡里斯玛”式的领导者在草根体育社会组织中建立起极高的威望并造成组织的依赖性，在组织的决策机制与运行机制不健全的状态下，组织的发展过多地呈现出个人化和初级化现象。其次，合法身份的缺失。草根体育社会组织没有按照法定形式和程序获得独立法人资格和法律地位，这对其独立承担责任和独立开展活动造成了影响。虽然宪法赋予公民结社权，但现行的双重管理体制将大量的草根体育社会组织拒于合法大门之外，其原因是多方面的。第一，现行法规对社会组织“一业一会”的登记限制，以及业务主管单位不愿承担管理风险等，导致大量草根体育社会组织找不到合适的业务主管单位。第二，即便草根体育社会组织具备了登记条件，还需要接受来自主管和登记两大政府机关的严苛审查，这对于绝大多数草根体育社会组织而言是不可逾越的障碍。虽然各地出台相应政策，对草根体育社会组织实施监护与管控相结合的管理体制，有效地解决了草根体育社会组织的生存问题，但这种模式同样严重剥夺了草根体育社会组织的合法性，剥夺了草根体育社会组织的“生命”。虽然政府用备案制度技术理性政府行为来弥补这一缺陷，但这并不能从根本上解决草根体育社会组织“合法性”问题。第三，购买服务的法律缺位。目前，我国政府购买体育社会组织服务在各地普及程度不同，也没有统一的法律予以规范。各地均按照 2014 年民政部、财政部联合印发的《关于支持和规范社会组织承接政府购买服务的通知》进行购买服务，但由于草根体育社会组织的合法身份问题，政府在参与购买过程中对其均采取了回避的态度，更不用说针对草根体育社会组织购买的科学细化的指导性建议或意见了。为了加强对草根体育社会组织的培育，部分地区在以往购买体育社会组织服务的经验的基础上，尝试通过招标采购、特许经营、委托授权等形式向草根体育社会组织购买服务，但由于购买服务法律不够健全，在实践过程中出现了招标违规操作，影响了购买公共体育服务的推广与完善。第四，备案制的缺陷。备案制作为一种行政行为，可能会对草根体育社会组织造成直接或间接的行政干预；经过备案的草根体育社会组织区别于法人与自然人，仍存在“非法”的嫌疑；备案制会对草根体育社会组织的权益造成影响，且有可能导致草根体育社会组织屈服于潜在的压力。第五，资源的制约。草根体育社会组织的自发性受制于经费、场地、专业人员等，既不能依靠政府拨款，也不能依靠营收利润维持。虽然政府已经明确了公共体育资源配置的方案，但方案却没有得到具体落实。

草根体育社会组织治理的实施在于落实政策。党的十八届三中全会提出的政府简政放权，改革社会治理方式，激发社会组织活力的思想不能仅停留在口号层面，相关政策要真正实施与严格执行。一方面，地方政府要进行政策层面的扶持，赋予草根体育社会组织发展和运行的权力，提供相应的立法支持、财税优惠、技术支持等；另一方面，政府应发挥主导作用，组织和动员多方力量共同参与草根体育社会组织治理，形成由政府和社会各界共同参与的公共服务体系和社会监督网络系统。

第六章

政府行为逻辑对体育社会组织治理的影响

本研究从政府行为视角论述了各级政府机关及公务人员运用公共权力，实施既能反映体育社会组织治理转型的国家宏观政策逻辑，又能诠释政策执行中的地方政府行动策略的准入、支持、执行和监督控制等技术理性治理行为。虽然上述逻辑完美地避开了深层次的体制机制改革问题，将其简化为单纯的行政技术治理问题，提升了政府行政及治理的合法性，但是传统的科层化行政体制技术化改造只触及了行政体制中的工具方面，没有从根本上改变原有的行政权力运行的布局和机制。因此，技术治理的逻辑并不能从根本上解决我国体育社会组织治理问题。这种既呈现了宏观政策逻辑，又诠释了政策执行中的地方政府行动策略的技术理性治理行为究竟对我国体育社会组织治理有什么影响？

第一节　阻碍存量制度改革

改革初期，对于存量制度的保护可以控制增量制度的过度扩张，避免增量制度因扩张导致偏离路径而产生系统风险。然而，随着改革的推进，增量制度的扩张有助于实现存量制度的演变效应，使存量制度发生渐进式的转化。如果此时仍然坚持技术理性政府行为，必然会阻碍体育社会组织的改革进程。

党的十八大以来，社会组织治理改革的宏观政策密集发布，体育治理体系和治理能力现代化激发了政府对体育社会组织治理转型的愿望，政社分开、权责明确、依法自治成为体育社会组织治理转型的目标。然而，长期的技术理性政府行为、持续的制度增量积累与单纯的制度存量微调，无法破除阻碍体育社会组织治理转型的根深蒂固的体制机制，路径依赖将会被长期锁定。一旦改革进入攻坚阶段，重构体制存量，体育行政部门的深度介入又会影响体育社会组织的自我成长，甚至影响体育治理现代化目标的如期实现。

近年来，促进社会组织改革宏观政策的持续发布显然极大地改善了体育社会组织治理的宏观制度环境，但在我国行政科层结构及其权力运作体系下，从国家宏观政策指引到政策工具制定与政策执行，要经历一个很长的过程。不同层级政府部门都会依据自身利益（经济与社会发展）对宏观政策信号进行识别、筛选与过滤，导致具体的政策制定与执行呈现出多层级、多属性的特征，难以实现跨政府部门、跨行政区域、跨政府层级联动协调[①]，抵消了体育社会组织治理制度创新的效用。就体育社会组织登记注册来说，为激发体育社会组织的活力，加速体育社会组织的发展，各地采取了直接登记和备案制来解决体育社会组织的合法身份问题，消除体育社会组织参与体育治理的束缚，起到了一定的正面作用，但是在原有双重管理体制下，社会组织注册

① 贺东航，孔繁斌. 中国公共政策执行中的政治势能——基于近20年农村林改政策的分析[J]. 中国社会科学，2019（4）：4－25.

前必须接受挂靠业务主管单位资格审查并获得批准的条款并未被明确废除，直接登记注册的“自由裁量权”仍然掌握在行政部门手中[①]。因此，社会组织直接登记注册只是“一种流于程序形式而缺少完善配套保障”[②]的政策工具。而备案制由于只涉及草根体育社会组织，层次的局限与政策目标更无法触及双重管理体制存量。上述分析已经充分表明，当前体育社会组织治理转型仍然面临着体制存量的约束。

我们以北京、上海等地将体育总会转型成为枢纽型体育社会组织为例来论证政府行为逻辑对存量改革的阻碍。北京、上海最早实施了体育总会建成枢纽型体育社会组织的改革。值得关注的是，两地都将与各行政级别对应的体育总会认定为枢纽型组织，接受社团管理部门和同级政府体育行政部门的双重领导，体育总会在政府和体育社会组织之间进行整合、沟通、协调，并进行服务指导、业务代管等[③]。然而，上述改革并没有触及原有的体制存量，体育总会本身的属性依然尴尬。体育总会属于非营利性的体育社会团体，但是由于“一套班子，两块牌子”的同级体育行政部门互嵌[④]模式，很难判定体育总会的真正属性。上海体育总会受上海市体育局委托，管理 72 家市级单项运动协会，27 家民办非企业单位和 2 家体育基金会，并联系指导各区、县体育总会的工作。也就是说，体育总会接管了原本属于体育行政部门的管理职

① 黄晓春，周黎安. 政府治理机制转型与社会组织发展[J]. 中国社会科学，2017（11）：118－138.

② 王名，等. 社会组织与社会治理[M]. 北京：社会科学文献出版社，2014.

③ 熊飞. 体育总会枢纽型社会组织建设的探索——基于北京的实践与经验[J]. 体育文化导刊，2017（8）：28－32.

④ 何强. 建设枢纽型体育社会组织的现实困境与消解路径——基于体育总会改革的视角[J]. 北京体育大学学报，2021，44（1）：71－79.

能，这就使体育总会利用其“枢纽型组织”的身份名正言顺地游走于政社边界①。“枢纽型”“非营利性的体育社会团体”“市级体育社会组织和区体育总会等的联合会”等表述，都无法掩盖其“官民同体”的内生矛盾属性。“半官半民的非政府性”再一次体现了体育行政部门借“社会”之名实现对体育社会组织的技术治理。

一、组织资质

从体育总会的形成背景来看，其始终维护体育行政权威，与政府一致的意识和行动不容置疑。体育总会组织架构完整，人员齐备，适合承担枢纽型体育社会组织行政管理职能。基于上述两方面考虑，政府体育行政部门直接赋权体育总会，使其代替政府行使管理职能。我们换一个角度考虑，这种赋权是否存在潜在的挑战与危机？第一，体育总会承担枢纽型体育社会组织这一角色的资质能否被认可尚且存疑。作为非营利性体育社会组织，体育总会实际上是一种“同构”的组织，它被直接赋权为枢纽型体育社会组织，有可能存在资质认定的问题。第二，建立枢纽型体育社会组织是为了在政府和社会组织之间建立联结的纽带，该组织必须在行业影响力、社会声誉等方面都起到引领、标杆作用，被社会组织与政府体育行政部门认可。然而现实情况却是，体育总会机构虚化、职能虚置，业务资源来自体制内资源的支撑，其标杆及示范作用大打折扣。

① 鲍明晓，李元伟. 转变我国竞技体育发展方式的对策研究[J]. 北京体育大学学报，2014，37（1）：9－23.

二、组织运作逻辑

依据国家与社会关系分析范式，独立性和自主性是实现社会组织治理的显著特征，是运作的基本逻辑①，其核心是脱离政府操控。将体育总会直接转型为枢纽型体育社会组织，违背了独立自主的运作逻辑。

北京市体育总会是由政府体育行政部门主办主管的事业单位，由财政下拨经费，工作人员有事业编制，按照国家计划安排活动，业务脱离经济主体；上海市体育总会则直接与体育行政部门同构，也就是说两地体育总会并不具有组织独立性。调研得知，两地体育总会日常运作对政府资源高度依赖，资金均来自政府财政直接拨款或项目补贴。两地体育总会权力来源渠道与身份获取方式都是体育行政部门直接赋权，这种赋权方式自然延续了行政化的运作逻辑。毫无疑问，这种运作逻辑并没有实现改革预期目标，而且使体育社会组织治理原本复杂的局面更加复杂。体育社会组织改革重新回到行政控制的老路，只不过行政控制更加隐蔽。原本目的是实现体育总会“脱钩”的改革，却使改革回到了原点。

三、行动策略偏好

按照枢纽型体育社会组织的定位，体育总会理应在帮助体育行政部门对体育社会组织进行管理的同时，为体育社会组织提供资源与业务方面的支持，但实践中，两种职能却成了相互矛盾的两个方面。受条块分割的行政管理体制和政府政绩考评机制的影响，加上中央层面

① 葛亮，朱力. 中国社会组织研究的范式选择——基于美国范式和欧洲范式的比较分析[J]. 学习与实践，2013（6）：102－111.

的宏观政策信号与地方政府操作层面的执行逻辑之间暗含张力，灵活变通的技术理性政府行为成为政策执行的支配性逻辑，应对性行动取向与策略盛行。

从政府体育行政部门的角度来看，虽然从治理的角度来说，体育社会组织是体育治理重要的参与主体，但是其挑战体育行政部门权威与社会秩序的潜在威胁始终存在，高风险、弱激励的非均衡激励风险配置模式使体育行政部门很难投入更多的精力来发展体育社会组织。政府体育行政部门授权枢纽型体育社会组织代替政府管理体育社会组织，其实质就是一种技术理性的取向与策略，但是从体育社会组织的角度出发，枢纽型体育社会组织除了在体育社会组织与政府体育行政部门之间建立沟通的桥梁之外，还应该为体育社会组织提供资源与政策方面的支持，其行动取向与策略应满足维护与捍卫体育社会组织利益的诉求。不过，这样的行动取向显然与政府体育行政部门所期望的技术理性取向和策略有着本质的不同[①]。基于自身利益与前途考虑，加上体育总会与政府的特殊依赖关系，体育总会的行动策略大概率会迎合政府体育行政部门的偏好与取向[②]。实践也印证了这一事实，如北京市枢纽型体育社会组织的业务活动出现以政府需求为导向、重管理轻服务、社会化服务职能不突出等现象；上海市体育行政部门对枢纽型体育社会组织提出“脱钩不脱管、脱钩不脱离”的口号。这表明，体育总会的行动策略仍然不能及时、准确地反映民众的诉求。

---

① 康晓光，韩恒. 分类控制：当前中国大陆国家与社会关系研究[J]. 社会学研究，2005（6）：73－89.

② 毛丹，陈佳俊. 制度、行动者与行动选择——L市妇联改革观察[J]. 社会学研究，2017，32（5）：114－139.

四、组织扩张风险

按照理想设计，构建枢纽型体育社会组织的目的是使体育社会组织具有实施整合、利益表达、孵化培育等功能，推动体育社会组织治理转型，但是体育社会组织与体育总会自身的角色之间产生了内源性冲突，而冲突的焦点就在于对有限资源的占有，帮扶其他体育社会组织成长就意味着影响组织自身利益。要想解决这一矛盾，就必须通过组织发展的内在理性和外部约束条件的构建来抑制扩张的冲动。然而，目前由政府体育行政部门认定体育总会为枢纽型体育社会组织，这不但使体育社会组织扩张的机制与举措缺失，而且使体育总会获取了制度与资源的双重垄断地位。

政府体育行政部门直接赋权体育总会为枢纽型体育社会组织，并使其行使体育社会组织业务管理职能，体育总会由此获得了“半官方”的优势地位。在资源层面，由于枢纽型体育社会组织与政府体育行政部门（事业单位）同构，或者隶属于政府体育行政部门，体育总会自然就获得了丰富的体制内资源，加之枢纽型组织的业务管理职能，体育总会获得了用于支持体育社会组织发展的资源的分配控制权。因此，明显的制度和资源优势很可能诱发其组织扩张冲动，挤压蚕食普通体育社会组织的生存发展空间[①]。

北京、上海两地枢纽型体育社会组织按照改革的推进，接管了业务指导、考核评价、年检评估、备案登记等职能，甚至对其他体育社会组织领导换届工作直接干预，俨然扮演了政府体育行政部门的管理

① 余永龙，刘耀东. 游走在政府与社会组织之间——枢纽型社会组织发展研究[J]. 探索，2014（2）：154－158.

角色，充分显现了对其他体育社会组织的行政操纵能力。随着公共体育服务购买的常态化，枢纽型体育社会组织根据民政局、体育局或其他委办局的委托，成为公共体育服务购买的“主责单位”，对参与购买服务者进行主体资质审查、招投标组织、服务监管、绩效评估等，变相地掌握着公共体育服务购买的审批权和资源分配权。

上述改革案例表明，实施技术理性政府行为，将体育总会转型为枢纽型体育社会组织，代行政府体育行政部门的职能，并没有达到体育社会组织治理转型的目的，反而使体育总会对体育社会组织的垄断和控制力度大大加强，严重影响了体育社会组织的自主性与独立性。

第二节　体育社会组织非稳定的发展预期

技术理性政府行为使体育社会组织规避制度存量的巨大阻力，依靠制度增量实现治理，但是这些看起来成效显著的制度设计往往具有“碎片化”和“权宜性”特征，并未形成持久的动力机制和制度保证。虽然国家已经对购买公共体育服务进行了总体设计，但是基层政府根据自身业务需求，实施“事本主义”的项目化扶持改革制度设计，并没有形成统一持久的政策思路。政府各部门大多从自身角度出发进行制度设计，部门之间缺乏沟通与协调，导致体育社会组织治理制度设计的“碎片化”。例如，以公共体育服务发包为例，发包方既有“条”上的体育局、民政部门等行政部门，又有市、区（县）、街道（乡镇）等“块”上的政府，还有共青团、总工会、残联等群团组织，三者之间并无协商，缺乏统一的项目信息发布机制。在服务外包之后，购买公共体育服务涉及体育、财政、人社、民政、税务等多个职能部门，在各政府机构职责尚不够明确的背景下，依靠体育职能部门统筹和协调各横向政府部门之间的关系存在很大难度。各部门事权与财权划分不清，沟通不畅，“缺位”和“越位”现象严重，制度整合难以实现，制度“生产”与“执行”的“碎片化”特征明显，最终降低了购买公共体育服务的效率和水平①。体育社会组织治理制度场域的“权宜性”与“碎片化”特征导致了体育社会组织无法进行长远规划并形成相对稳定的发展预期。因此，多数体育社会组织形成了以资源为导向的工具主义行动策略。

我们在访谈中发现，“条”上的各级政府体育行政部门要求体育社会组织具有较强的专业能力，例如，外包青少年足球培训对于教练员水平与资质、场地设施等都有较高要求；“块”上的政府要求体育社会组织嵌入社区公共体育活动，提升群众参与大众健身的能力；群团组织要求参与购买的体育社会组织具有较强的组织与运作能力，能够提高活动的知名度，扩大活动的影响范围，如校园足球嘉年华。面对上述差异化的制度要求，为获取多边资源，体育社会组织需要发展复合型组织结构。这就对体育社会组织的发展提出了极高的要求：既要有非常专业的交流人才，又要有组织大型活动的团队，还要能够扎根社区，与社区保持良好的沟通与合作。这些要求导致此类体育社会组织出现“金字塔”生态结构，难以形成专业、稳定的发展预期。

① 夏贵霞，马蕊，王华倬. 政府购买青少年课外体育服务的地方实践与制度创新[J]. 北京体育大学学报，2016，39（2）：84－91.

第三节　体育社会组织公共性弱化

公共性是公共产品与公共服务的根本属性，它既是两者的出发点，也是其归宿，在理解公共产品与公共服务时必须始终以公共性为基础，在公共体育服务的实践中也必须以公共性为指导①。公共性在实现社会协同与公众参与方面发挥着重要作用②。公共体育服务与治理领域公共性的生产过程是指个体、社会组织就社会共同关注的问题，依照公开、公平和开放的程序，基于理性精神参与公共体育活动，实现私人向公众的转化，在特定空间范围内维护公共体育利益与公共体育价值取向的过程③。体育治理体系和治理能力现代化使体育社会组织承担着多重重要角色，不仅是代表公众表达体育诉求、提供公共体育服务的主体，也是参与体育治理、监督公共权力的重要载体，更是实现社会治理转型的重要力量。然而，在技术理性政府行为逻辑下，体育社会组织的公共性生产受到了极大的限制，原因如下。

技术理性政府行为将公共权力内嵌于体育社会组织并合法化，引发了“政社不分”“官民两重性”，政社协同治理结构被上下级科层制的关系所取代，权力、决策和监督之间的制衡机制也因此无法实现，科层式的管理体制与社会自治体制之间的矛盾无法调和，限制了体育

① 汤际澜，徐坚. 公共体育服务的公共性研究[J]. 天津体育学院学报，2010，25（6）：510－514.

② 李友梅，肖瑛，黄晓春. 当代中国社会建设的公共性困境及其超越[J]. 中国社会科学，2012（4）：125－139.

③ 沈建华. 上海市体育公共服务的需求[J]. 体育科研，2008，29（2）：37－41.

社会组织公共性的生产。体育社会组织在形式上是独立的，但实质上更像政府体育行政部门的行政末梢，紧密围绕行政部门的治理目标开展活动，难以实现预期的公共性，无法扮演代表社会诉求的社会组织角色。

财政资金是现阶段体育社会组织的主要资金来源，这种非对称的资源依赖格局对体育社会组织的成长产生了重要影响，购买的逻辑本身无疑会受到财政资金属性的限制，这是当前购买公共体育服务这一制度体系的前置约束。对这一问题进行研判，有助于人们更加深刻地理解体育社会组织的发展特征。

“目前协会的发展仍然依附于政府部门，经费、办公场所都靠省体育局的支持和扶持。虽然按照国家发展改革委的要求进行过 3 次脱钩工作（2006 年、2014 年、2016 年），但是经费依然主要来自省体育局。”（访谈日期：2018 年 8 月 17 日）

购买公共体育服务的资金主要包括各级体育行政部门的业务经费、专项资金、社区基金。业务经费预算和政府采购法决定了部门业务经费的使用。《政府购买服务管理办法（暂行）》关于预算及财务管理明确指出，对预算已安排资金且明确通过购买方式提供的服务项目，按相关规定执行；对预算已安排资金但尚未明确通过购买方式提供的服务项目，可以根据实际情况转为通过政府购买服务方式实施。各地区的具体实施意见基本承袭了相同的精神，基层政府的工作考核与评估主要关注行政绩效与行政原则，基层部门在发展体育社会组织时主要考虑的是行政绩效，而对社会诉求关注较少。以北京市为例，《北京市市级政府向社会力量购买服务预算管理暂行办法》规定，预算执行过程中，原有自办项目转为购买服务方式或原政府购买服务项目转为自办项目时，市级预算单位应先向市编办出具核定意见，再向市财政局提出预算调整申请。市财政局根据市编办核定意见审批后调整预算。体育行政部门预算的相对独立性和封闭性表明，购买公共体育服务的政府主体只要遵守上述条例规定就可以确定购买服务项目，基层政府部门在封闭的决策体系下制定购买公共体育服务的决策，公众参与在这一环节几乎没有制度化的设计。

专项资金有明确的使用范畴。例如，政府体育彩票公益金是购买公共体育服务的主要资金来源。体育行政部门利用政府体育彩票公益金开展专项资助活动，为保证资金使用效率，往往要求下级部门上报购买公共体育服务的项目，同时提供该项目的公众体育需求论证材料，经审核后予以资金支持。虽然专项资金的使用仍然具有体制内特征，但是加入了公众参与的制度化设计。

近年兴起的社区基金是用于支持社区公益项目和购买公共服务的一笔相对独立的资金。该基金由政府财政资金、企业捐赠、社会募资三部分构成。该资金独立于地方政府，以法人实体的方式使用，使用时必须经过代表公众利益的理事会讨论通过，并公开资金使用去向。对于购买服务的内容、数量、形式等还要经过社区委员会使用多元共治平台进行评议。因此，社区基金的使用体现了公共决策、公共参与的性质。

综上所述，尽管财政部强力推动“三社联动”，倡导社会力量参与到预算制定过程中，但就购买公共体育服务的预算来说，主要资金来源和相应的治理机制决定了购买决策仍然在体制内进行，联动水平偏低；专项资金的使用虽有公众参与，但多流于形式；社区基金具有公共决策属性，但是普及程度不高且所占比例有限。因此，基层政府的工具主义制度执行逻辑必然导致体育社会组织依附于体育行政部门，从而使体育社会组织与公众之间的联系弱化，这是当前体育社会组织公共性弱化的主要原因。技术理性政府行为策略规避了制度重构，使体育社会组织治理的制度环境更加复杂，购买行为“内部化”“体制内吸”等工具主义策略进一步弱化了体育社会组织的公共性。因此，技术理性政府行为必然导致体育社会组织依附于体育行政部门，政府行政干预弱化了体育社会组织与公众之间的联系，这是当前体育社会组织公共性弱化的另一主要原因。

第四节　体育社会组织对政府的依赖性增强

技术理性政府行为强力介入体育社会组织治理。为响应国家宏观政策，赋予体育社会组织重要的治理功能，政府部门必须使体育社会组织治理转型，同时又要以一种十分谨慎的态度管理体育社会组织的发展，只有将其置于监管之下，才可以放心与其合作。政府采取的策略就是充分利用手中掌握的资源与体育社会组织展开合作。体育社会组织为获取资源，通常会选择进入“圈内”，与政府需求的行动导向一致，成为政府部门的延伸或者下属单位，与政府形成依赖关系。由于政府实施区域行政分割，禁止社会组织到其注册管辖范围之外的区域参与活动，部分体育社会组织只能选择工具主义发展的权宜策略，如多行政区域注册。理性的方法当然是依托一个总部，在多个区域开展活动。但是我们在访谈中发现，各区都会优先扶持区域内的体育社会组织。因此，体育社会组织若想得到项目支持，就要注册成为区域内的体育社会组织。毫无疑问，多行政区域注册的策略会产生相应的税费与合作成本，增加了应付年检等烦琐的事务，但是考虑到政府行为逻辑和资源汲取，政府依赖式发展不失为高度理性的策略。然而，当体育社会组织的发展高度嵌入行政网络时，组织目标与组织运行模式与政府管理高度契合，其自我协调机制就难以形成。即使部分体育社会组织拓展活动空间，也只是借助行政网络的支持，很难做到通过社会组织间的横向合作来拓展活动空间。虽然体育社会组织独立运作十分重要，但其对于可能牵动整体改革和公共投入模式转变的“存量问题”均选择了回避。

就公共体育服务外包来说，普遍存在的疑虑就是为什么政府愿意花更多的钱选择定向购买的方式，而放弃建立统一的、具有竞争性的市场体系的招标方式。学界一直使用“委托代理”关系来解释政府与社会组织之间的关系，本节尝试用管家关系理论来进行解释。管家关系理论认为，委托人（政府）的主要策略是发展合同所赖以存在的信任。管家与委托人的目标一致。管家的策略是建立和巩固其与委托人（政府）之间持久稳定的信任关系，避免政府为防范和控制投机行为而产生额外的交易成本。在这种管理模式下，基层政府为规避公开招投标对政府造成的压力，采取直接定向购买公共体育服务或“制造竞标”策略。①招标过程中设置隐性进入壁垒，让“非体制内”组织失去竞标资格；②通过辖区内体育社会组织轮流坐庄或陪标的形式影响竞标与评标；③放弃合同管理[①]。因此，政府以项目制向体育社会组织购买公共体育服务的治理过程，承接方“内部化”“体制内吸”，反映的并

---

① 敬乂嘉. 社会服务中的公共非营利合作关系研究——一个基于地方改革实践的分析[J]. 公共行政评论，2011（5）：5－25.

不是基于市场化、公平竞争的“委托—代理”模式，而是政府主导的管家模式。

虽然购买公共体育服务实际操作中暗藏着“管家关系”的实质，但外在形式上仍然是公共体育服务发包体制的政府与体育社会组织之间的“委托—代理”模式。对于一些尚未进入“体制内”的体育社会组织，政府则更多地采用类似于“委托—代理”的模式加以管理，即政府通过严格的制度性的过程监管实现对体育社会组织的全面管理。从这一角度来说，形式上的“委托—代理”模式反而成为制约“非体制内”的体育社会组织发展的制度屏障。

前文已经论述过，政府向体育社会组织购买公共体育服务从某种意义上来说就是项目制，即一种单向权力关系，政府通过所占有的资源实现对体育社会组织的管理，通过公共体育服务购买行为“内部化”与“体制内吸”达到降低风险的目的。尚未进入“体制内”但又获得公共体育服务供给资格的体育社会组织，则在公共体育服务供给过程中受到严格的嵌入性监管，这对于实力羸弱、活力不足的体育社会组织来说是发展障碍。如果从成本—收益理性角度分析，购买行为内部化与体制内吸都不能降低购买成本，这表明政府向体育社会组织购买公共体育服务的发包体制并没有实现公共体育服务供给的多元化，没有改变政府控制的公共体育服务供给模式，也就是说，政府对体育社会组织的疑虑并未减轻，控制意识并未弱化，平等、自主的政社关系还未实现。项目制实质上是一种发包体制，在服务外包竞争过程中嵌入过程监督有利于发包方（政府）的权力管控。政府购买公共体育服务的项目制细化、专业化造成体育社会组织的分割，而这种分割最直接的后果就是使承接主体无法联合，购买类型的选择则造成社会组织类型的失衡，服务类的体育社会组织发展较快，而体育诉求类的体育社会组织的发展受到抑制。项目制的社会组织治理实际上表现出了贯通国家与社会、实现国家对社会管控的国家治理模式。

第五节 体育社会组织联盟的分解

购买公共体育服务的体育社会组织治理模式除了在制度设计中嵌入过程管控之外，还通过对公共体育服务的细化起到分化性控制作用。这种治理模式使体育社会组织无法过分壮大，不至于威胁到体育行政部门的主导地位，减少行业性组织联盟形成的可能性，从而削弱体育社会组织潜在的利益表达能力。

这种组织分化策略是如何实现的？它的分割机制是什么？

第一，公共体育服务内容的专项化与具体化形成服务功能分割，直接导致体育社会组织注重功能化的实现，联合化的可能性降低。目前，我国已经制定了部分政府购买公共体育服务的实施准则，对政府购买公共体育服务项目做了明确规定。例如，《国务院关于印发国家基本公共服务体系“十二五”规划的通知》（国发〔2012〕29 号）明确了公共服务体系的基本结构，《国务院办公厅关于政府向社会力量购买服务的指导意见》（国办发〔2013〕96 号）规定了政府购买公共服务的基本原则、目标任务、购买主体及承接主体、购买内容及购买机制、资金管理，以及绩效和监督管理。从实践层面来看，购买公共服务完全符合项目制的运作方式。基于中央政府的示范作用，地方政府在购买公共服务的实践中也发布了购买“项目指南”，然后组织申报，明确了考核管控内容与环节，建立了购买服务的运行机制。项目制的发包模式依然受政府的严格控制，由政府提供公共产品，只不过将服务发包给了体育社会组织。体育社会组织在供给服务的过程中，对服务内容、服务对象、服务方式等并无决定权，也就是说，体育社会组织并没有真正参与到公共体育服务治理过程中来。

从项目制执行效果来说，项目指南越细化，执行效率越高，但是，从社会组织治理的角度来说，公共服务过于细化会造成社会组织严重“碎片化”，体育社会组织无法制定完整而长期的规划，因而无法实现治理水平的提高。相反，政府作为项目发包方，处于控制的主体地位，始终垄断着社会资源并决定资源的分配。像科层制的上下级关系一样，项目设计越细化、越具体化，就越能够实现垂直的“条线”控制目标，易于各级政府的分类控制，项目治理使中央的权威得到体现，“条线”控制渠道得到强化[①]。政府外包公共体育服务的项目制治理既实现了权力控制，又抑制了能够挑战政府权威的行业联盟的出现，即政府强化了发包方的单向权力控制，而且通过项目细化与公共体育服务具体化分解与抑制了体育社会组织联盟，使公众的体育诉求无法通过体育社会组织实现，避免了制度生产的风险。

第二，购买公共体育服务的行政区域分割使体育社会组织分割与分化。通过行政区域分割，政府能够更容易地实现条块控制，强化区域内政府的管控责任，实现分类控制的治理目标。双重管理体制有助于避免社会组织过于强大，抑制了其组建联盟。2016 年修订的《社会

① 陈家建. 项目制与基层政府动员——对社会管理项目化运作的社会学考察[J]. 中国社会科学，2013（2）：64－79.

团体登记管理条例》有两方面禁止性的明确规定。一是分割行政区域，划定活动区域。此项规定抑制了社会组织的规模扩张与组织联盟的形成。禁止社会组织到其注册机构管辖行政区域之外开展活动，社会团体不得设立地域性的分支机构。二是在注册行政区域内严格限制社会组织设立分支机构。社会团体的分支机构不具有法人资格，应当按照其所属社会团体的章程规定的宗旨和业务范围开展活动、发展会员。《民办非企业单位登记管理暂行条例》也设置了类似规定，并有相应的处罚措施。

购买公共体育服务的碎片化强化了组织的功能，却抑制了联盟的出现。现有的政府购买是由上一级政府确定公共服务类别（公共体育服务作为公共服务的重要类别之一），不同地域的政府、不同行政层级的政府，以及不同政府部门根据中央规定自行确定购买。毫无疑问，统一的市场竞争体系下实现规模化的公共体育服务供给更能够降低交易成本，提高公共体育服务质量，但是，当前碎片化的部门性购买行为虽然能抑制全国性体育社会组织联盟的形成，却难以实现既保证服务效率又提高公众的满意度，而且增加了政府交易成本。政府购买社会服务的过程中，政府退出、社会组织参与治理并没有实现，国家对社会组织的控制或支持并非一种制度化关系，而是一种策略性的政府行为[①]，其行为目标是在渐进式的治理转型中，避免制度生产风险。

第三，分类管理造成体育社会组织类别的结构失衡。公共体育服务的种类决定着国家对体育社会组织类别的“松绑”程度。近年来，社会组织登记制度改革涉及的四类服务性社会组织包括行业协会商会

① 吕纳，张佩国. 公共服务购买中政社关系的策略性建构[J]. 社会科学家，2012（6）：65－68.

类、科技类、公益慈善类、城乡社区服务类，并未对所有社会组织放开，政治法律类、涉外类、宗教类社会组织仍然实行业务主管单位资格审查和民政部门审批登记的双重管理。也就是说，民生服务类组织的发展得到了支持与鼓励，当然这也是“体制内吸”的体现，而诉求性组织仍然受到忽视或限制。政府对于提供公共产品与公共服务的社会组织，理应“松绑”，但考虑到可能带来的制度生产风险，仍然实施“一业一会”的限制，大部分体育社会组织不能直接登记。

综上，公共体育服务购买这一项目治理形式具有天然的分化体育社会组织、抑制体育社会组织联盟生成的功能。公共体育服务购买的具体化与碎片化使体育社会组织的功能得到强化，但是无法形成有效联合；购买公共体育服务的行政区域分割、购买主体的多元化造成体育社会组织的自然分割；政府购买公共体育服务的种类偏好与限制，以及分类管理造成了体育社会组织类别的结构失衡。购买公共体育服务的运行实践虽然短期内促进了体育社会组织的发展，使其服务更为专业与多元化，但是它仍然有赖于政府的公共体育服务整体性规划与服务类别和体系的构建，项目制治理并未从根本上彻底改变全能政府的主导地位，国家与社会的关系没有发生实质性变化，国家没有真正“分权”给社会，行业性、地域性联盟无法构建，阻碍了体育社会组织成为公共体育治理的主体之一，组织长远规划与规模化发展无法实现，影响了体育社会组织提供更优质的公共产品与公共服务。

第七章
体育社会组织治理路径优化

第一节 优化目标：从增量制度到存量制度重构

政府主导的中国特色体育治理模式是当下技术理性政府行为形成的根本原因，传统的体育管理体制与机制严重制约了体育社会组织治理转型，而要破解这一困局，体制机制存量改革是关键。党的十八届三中全会提出的“政社分开、权责明确、依法自治”为体育社会组织治理优化提出了明确的目标导向和总体要求，据此，将原有技术性治理转变为整体性的治理改革，形成与其他领域治理转型相互衔接的、整体化的体育社会组织治理存量制度重构势在必行。

首先要政社分开。政社分开是全面推进体育社会组织治理转型和体育治理创新的重要前提。政社分开就是要厘清政府职能边界，增强体育社会组织在组织机构、职能、决策与运作等方面的独立自主性，形成政府与体育社会组织协同治理的局面。只有政社分开，政府与体育社会组织在社会领域的职能才能被清晰界定，政府包揽一切、主导一切体育事务的传统体制才能得到改变，体育社会组织才会获得生存与独立发展的空间。其次要权责明确。权责明确的根本在于法治，政府体育行政部门和体育社会组织的“权”和“责”应以法律的形式明确界定。在推进政府职能转变的过程中，应明确政府体育行政部门与体育社会组织的权力和职责，实现政府体育行政部门和体育社会组织关系的转型，构建政府体育行政部门与体育社会组织之间以服务为轴心的新型关系，探索两者之间的合作互动机制。最后要依法自治。它的实质是制度重建，完善公民基本的体育权利保障体制和机制。

第二节　优化政社协同治理机制

协同治理是政府主导，社会协同参与的共建、共享的多元网络治理结构。以往的政治话语通常强调国家与社会的对立关系，关注社会组织如何抗衡公共权力的问题，而治理体系和治理能力现代化背景下政府与社会组织的关系应该是共存与合作。这种合作强调的是行政公共性对社会公共性的包容及二者的共存，体现的是社会组织反哺公共权力的一种制度。两者合作的基础是政府和体育社会组织共享公共性价值，在体育治理领域可以相互协作、共同行动。政府与体育社会组织的合作路径如下。

第一，公共体育服务购买合作机制。该机制主要是指在公共体育服务外包项目实施过程中，在政府与体育社会组织之间建构的合作关系及相应的制度形式。在政府、私人部门、社会机构之间适度引入竞争机制，用市场的力量改善“政府失灵”，提高公共体育服务的质量与效率。因此，体育社会组织提供公共服务的比较优势是建立在强调有序市场竞争的激励机制的基础之上的，在公共体育服务外包领域强制执行竞争性投标制度显得尤为重要。另外，完善公共体育服务外包市场契约，使其取代原有的资助与报销制度。公共体育服务外包对市场与社会组织同时开放，促使一个有序竞争的公共体育服务市场体系形成。

第二，协同治理的保障机制。首先，优化体育社会组织协同治理的协商机制，保障各治理主体的充分参与，实现公共利益、公共价值最大化。其次，优化体育社会组织协同治理的共享机制，实现权力资源、物质资源和信息资源共享。再次，优化体育社会组织协同治理的调节机制，通过协商、听证、仲裁、复议等形式调节利益相关者之间的矛盾与分歧。最后，优化体育社会组织协同治理的内外部监督机制。

第三，政策制定与执行合作机制。体育社会组织基于专业优势和广泛的民意基础，积极倡导、影响政策的制定与执行，并构建民主、专业、规范、合理的政策咨询机制。体育社会组织的优势在于信息和专业能力，有能力对自身的发展做出科学、周密的规划。因此，在政策的讨论、出台、实施、反馈等环节，政府体育行政部门都应该吸纳体育社会组织参与。

第四，在关于"体育强国""健康中国"等重大国家战略问题上与政府体育行政部门协商互动、联合行动的合作机制。体育社会组织应在国际体育交流中与政府体育行政部门协调配合并采取合作行动的机制。"体育强国"的基础在于群众体育，要实现体育强国建设目标，需坚持人民主体地位，治理权由人民直接行使，通过这种行使权力的理念与权力运作关系实现体育社会组织的良性治理。因此，体育强国建设等重大战略问题应遵循民主平等原则，保证多元主体参与，满足多元利益诉求，及时向社会发布信息，充分调动体育社会组织的积极性，在征求意见、讨论、协商、听证等环节的基础上实现制度设计。

第三节　优化体育社会组织监管机制

为实现体育社会组织的法治化治理，除了完善体育社会组织的法人治理结构外，还应优化体育社会组织的监管机制。监管机制指的是国家关于体育社会组织的登记、备案、分类控制和行为管理的行政机构设置、权限界定、权力实施机制等方面的制度总称，它在本质上是国家对体育社会组织治理的一种风险控制机制。为推进我国体育社会组织管理体制创新，破除限制其发展的双重管理体制障碍，努力建成一种以组织发展为目标、以规范监管为手段、以风险控制为限度的现代社会组织监管机制①。

（1）以组织发展为目标，彻底改变传统的“限制发展”的管理机制。正确认识体育社会组织在体育治理中的积极作用，改过去消极的政策导向为积极的引导，建立体育社会组织发展的政策支持体系。

（2）以规范监管为手段。政府对体育社会组织的一切监管行为与手段应以法律法规为核心，改变以往所有政策性、临时性、运动式的监管方式，加强体育社会组织监管的立法、执法、司法等环节的法律体系建设。

（3）以风险控制为限度。政府体育行政部门应加大评估力度，对体

① 王名，张严冰，马建银. 谈谈加快形成现代社会组织体制问题[J]. 社会，2013，33（3）：18－28.

育社会组织的各类监管仅针对现实存在的政治与社会风险实施管控，不搞扩大化，改变以往限制、控制的监管思路，切实落实以体育社会组织的日常活动管理为监管内容，以现存的风险为监管规范的制度构建。

第四节　优化体育社会组织管理体制

优化体育社会组织管理体制是指针对不同类型体育社会组织存在的问题（官办体育社会组织政社不分、草根体育社会组织合法性问题），以及枢纽型体育社会组织的监管问题，营造专门的政策环境，优化体育社会组织管理体制，分类推进体育社会组织治理转型。

首先，组织机构独立，明确体育社会组织的独立法人主体地位，优化组织内部治理机制。按照中共中央办公厅、国务院办公厅联合印发的《行业协会商会与行政机关脱钩总体方案》，对官办体育社会团体进行“脱钩”，政社分开，赋予其社会治理的主体地位，按照社团法人机制运行，实现组织机构独立。优化决策治理机制，健全组织内部治理结构、治理机制与治理制度，完善权力运行程序。建构“决策、执行、监督”三权分立的制衡机制，会员大会作为权力机构，理事会作为决策机构，秘书处作为执行机构，监事会作为监督机构。优化财务治理机制，按照相关财务制度的规定对组织的收入、支出进行规范。优化人事治理机制，使体育社会组织在领导人产生机制、人事薪酬激励机制、人事绩效考核机制方面拥有自主权，加强人才队伍建设，吸收管理、经济、法律等体育领域之外的优秀人才进入管理层。优化监督治理机制，将过去的监管制约机制主要来自外部的政府行政性监督转变为主要来自内部的监事会监督和规章制度监督。

其次，取消业务主管单位与登记管理机关的双重管理。体育类民办非企业单位、基层社区体育社会组织由民政部门直接审查登记，登记注册门槛降低。政府体育行政部门转变重年检管理轻日常监督的管理模式，将原有的直接行政干预转变为规范的制度监督。加强对体育社会组织的政策支持、经济资助与资源倾斜。积极推行“一业多会”，对体育社会组织的注册限制、业务范围、市场活动等取消行政干预。

再次，改进草根体育社会组织登记备案制度。建立规范统一的登记程序，减少登记管理限制，除了依法规定需要前置审批的体育社会组织以外，取消业务主管单位审核，实施直接登记。对于体育基金会，简化审批程序，降低注册准入资金限额，对于公益慈善类体育基金会准入不做注册资金要求。

最后，加大政府购买体育社会组织服务的力度，赋予体育社会组织参与体育治理的权力与资源。取消体育社会组织竞标行政区域限制，构建统一的市场竞争体系，提高购买政策的实施效果。2013 年国务院办公厅发布《国务院办公厅关于政府向社会力量购买服务的指导意见》，明确要求公共服务领域更多利用社会力量，加大政府购买服务的力度。2014 年财政部、民政部联合印发的《关于支持和规范社会组织承接政府购买服务的通知》指出，支持和引导社会组织健康有序发展，充分发挥社会组织在承接政府购买服务中的主体作用。通过政府购买服务，体育社会组织不仅能够获得资金支持，更重要的是被合法赋予参与体育治理的权力，能够发挥体育治理的职能。

下面我们仍以枢纽型体育社会组织——体育总会治理转型为例进

行说明。第一，明确枢纽型体育社会组织的角色定位。首先，枢纽型体育社会组织是区域范围内体育社会组织的联合者和利益代表者，具有协调整合组织内部关系、反映公众体育诉求的功能，利于构建利益共同体。其次，枢纽型体育社会组织是联结体育行政部门与体育社会组织的纽带，应积极反映体育社会组织的愿望与诉求，向体育行政部门提供政策与建议，并向下准确传达体育行政部门的政策意图，避免政策曲解。最后，枢纽型体育社会组织对体育社会组织进行培育与孵化，并进行业务指导，逐步取消业务代管职能，本着相互尊重、平等、组织独立的原则，利用所掌控的资源为体育社会组织业务能力提升做出贡献。

第二，稳步推进体育总会与体育行政部门“脱钩”。夯实枢纽型体育社会组织的基础，使其与体育行政部门机构剥离、职能分离，对组织内人员进行分流，推动体育总会的“脱钩”工作。具体做法如下。① 体育总会成为独立法人主体，与体育行政机构完全剥离，政府不再进行财政拨款，只是进行政策与资源支持。完善组织内部治理结构，设立权力机构、决策机构、执行机构、监督机构。② 按照建设服务型政府的要求，根据体育总会章程规定，划清体育行政部门与枢纽型体育社会组织的职能边界，将日常事务性职能转交给体育总会，并制定措施保障其实际履职。③ 按照个人自愿、对口调配、利益补偿相结合的原则，实施人员分流。同时广纳贤才，招募各类专业人才，吸纳热心于体育事业的精英人士进入体育总会领导层，并建立激励性薪酬制度。④ 体育行政部门应承担“脱钩”主体角色，提供必要的办公场地、设备、活动场地等，帮助体育总会顺利渡过困难期，实现组织转型。

第五节　优化政策执行监督与追责机制

国家关于体育社会组织治理宏观政策的模糊发包本来的政策目标有两个。一方面，在控制风险的前提下，避免与体育行政部门相对立的势力出现，结合地方实际，推动地方政府自下而上地探索体育社会组织改革路径；另一方面，地方政府利用模糊发包中国家宏观政策与地方实践中的政策张力，在承担可能挑战体育行政部门权威的风险与弱激励的情况下，往往缺乏改革体育社会组织的深层动力。如果不能对模糊发包治理机制进行深入分析，寻求解决上述问题的改革思路，体育社会组织的改革就会长期被“锁定”，体育治理体系和治理能力现代化的建设也会遇到深层次的挑战。

应对体育社会组织治理中模糊发包的治理难题，要通过系统整合多种治理机制，使宏观政策中蕴含的多重目标在不同层面得以实现。除了政府体育行政部门的行政治理以外，还需要构建当代中国体育社会组织治理法治化框架，并以此统筹各政府部门的治理行为，同时运用政党治理机制，充分发挥体育社会组织的治理优势，引导和规范其围绕公共体育利益发展。上述三种治理机制的有机结合有助于多重政策目标相互协调实现，地方政府也更容易形成长期、稳定的体育社会组织治理思路。

（1）为保证顶层的中央政策与民政、体育等部门关于体育社会组织治理的具体政策理念一致，必须建立一套切实可行的政策执行监管机制。治理转型中政府体育行政部门“对上负责”导致了技术理性主导体育社会组织的成长逻辑。虽然中央政府不断推进行政体制改革，要求行政部门加强“对下负责”的意识，但由于缺乏刚性约束，体育社会组织领域依然实施技术理性政府行为。

（2）为消除政策执行张力，遏制地方政府在公共体育服务中的盲目行为，杜绝消极政策执行的理念与方式，保证中央宏观政策理念在民政部门与体育部门之间得到完全贯彻，解决制度生产的“碎片化”问题，可根据整体性治理理论，打破部门中心主义倾向，坚决制止象征性与选择性执行等消极政策执行方式，超越传统的公共行政逻辑，提升公共部门内部的协调性，贯彻落实体育社会组织治理转型的中央宏观政策，避免政策打架。

（3）查找中央与地方的政策张力源，补齐政策短板。对体育社会组织治理涉及的登记注册、业务主管、政府购买、免税优惠等具体政策，如有政策缺位，应尽快补齐。

（4）加强政策执行监督。国家权力机关作为第三方政策执行监督主体，涉及公共权力协调问题，且体制内的监督可能导致客观性、公正性缺失，因此，要建立不受政府管辖的第三方监督机构，不断完善社会监督机制，注重监督主体多元化，建立政府监督与社会监督相结合的政策执行监督体系。政府、社会公众、利益相关者、大众媒体相结合的监督体系是最现实、最有效的。构建适应时代发展的法治化基本框架，尤其要运用政党治理机制，引导和规范政府的执政行为，引导体育社会组织围绕群众公共利益和公共健康发展，依法对各级政府体育社会组织治理政策执行情况进行监督，提高政府官员政绩考核工作的透明度，充分调动民众监督地方政府官员的积极性。强化政府在公共体育服务中的职能定位，使公共体育政策制定更多体现公众的意志。以社会公众的体育诉求为导向，建立长效社会公共责任机制。在努力提高政策效率的同时，提高公共体育产品与服务的质量和社会公众的满意度。大众媒体可利用其强大的舆论能力，引导全社会关注政策执行力度。

（5）调整地方政府的政绩评估模式。我国现行的地方政府政绩考核制度具有显著的“官本位”特点，不可避免地出现仅对“上一级政府”负责的情况。考核过程相对比较封闭，公众被排除在外，对政府行政行为的导向性作用被忽视。实际上，加强公众参与评估的力度对于应对模糊发包的治理难题也具有重要意义。原因在于，体育社会组织治理的改革大多需要长时间投入才能产生效益，且不便测量。如果对政府官员的政绩评估体系无法识别出基层政府对体育社会组织治理的投入力度，那么基层政府就缺少动力深入推动治理改革。政绩评估体系无法评估基层政府的实际投入水平，但公众由于切身经历，最有可能了解基层政府的投入力度，因此公众自下而上地参与评估变得异常重要，这为政府政绩评估激励作用的实现提供了重要的技术支持。

（6）完善追责的制度设计，健全行政追责机制。对政策执行中的权责进行界定，区分行政责任、民事责任、刑事责任，并对失责行为进行严厉的处理。

总之，优化政策执行监督与追责机制要加强政策执行监督机制，在部门预算制定、绩效评估等关键环节进行监督；健全政策执行追责机制，保证部门治理目标反映公众体育诉求，增强体育社会组织公共性。

参考文献

[1] 萨拉蒙，等. 全球公民社会：非营利部门视界[M]. 贾西津，等译. 北京：社会科学文献出版社，2007.

[2] 王名. 社会组织论纲[M]. 北京：社会科学文献出版社，2013.

[3] 王名. 社会组织概论[M]. 北京：中国社会出版社，2010.

[4] 黄晓勇. 中国民间组织报告. 2013[M]. 北京：社会科学文献出版社，2013.

[5] 黄亚玲. 论中国体育社团：国家与社会关系转变下的体育社团改革[M]. 北京：北京体育大学出版社，2004.

[6] 许仲槐，等. 体育社团实体化初论[M]. 广州：广东高等教育出版社，2003.

[7] 霍绍周. 系统论[M]. 北京：科学技术文献出版社，1988.

[8] 程玥，马庆钰. 关于非政府组织分类方法的分析[J]. 政治学研究，2008（3）：90－98.

[9] 刘国永，裴立新. 中国体育社会组织发展报告. 2016[M]. 北京：社会科学文献出版社，2016.

[10] 卢玮静，等. 基金会评估：理论体系与实践[M]. 北京：社会科学文献出版社，2014.

[11] 王名，等. 民间组织通论[M]. 北京：时事出版社，2004.

[12] 白杨，王家宏. 软法视角下的地方性体育社团内部治理调查与对

策——以苏南五市 4A 级体育社团为例[J]. 成都体育学院学报，2019，45（1）：35–41.

[13] 包国宪，张志栋. 我国第三方政府绩效评价组织的自律实现问题探析[J]. 中国行政管理，2008（1）：49–51.

[14] 巢莹莹，陈微. 中外慈善组织政府管理比较及启示[J]. 经济师，2009（1）：100.

[15] 陈丛刊，魏文. 体育社会组织监管主体协同合作探索[J]. 体育文化导刊，2019（6）：35–39.

[16] 陈建国，冯海群. 社会组织评估的制度结构和改革方向[J]. 云南大学学报（社会科学版），2018，17（3）：107–114.

[17] 程华，赵蕊，戴健. 发达国家体育社团发展的法律环境、运行监督机制及启示[J]. 上海体育学院学报，2015，39（2）：40–45.

[18] 郭静，黄亚玲，张昀. 新时期体育社团参与体育治理：困境与实现路径[J]. 北京体育大学学报，2018，41（12）：36–42.

[19] 韩慧，郑家鲲. 新中国成立 70 周年我国体育社会组织发展：历程回顾、现实审思与未来走向[J]. 体育科学，2019，39（5）：3–12.

[20] 华烨峰，华雨晨，赵诗怡，等. 我国省级体育基金会资产状况的调查研究[J]. 浙江体育科学，2020，42（2）：8–11.

[21] 黄亚玲，郭静. 基层体育社会组织——自发性健身活动站点的发展[J]. 北京体育大学学报，2014，37（9）：10–16.

[22] 蒋书君. 直接登记背景下社区体育组织监管体系的建构——以社会责任国家标准为视角[J]. 广州体育学院学报，2020，40（3）：29–32.

[23] 李雪. 符号互动论视角下民间体育组织监管体制研究[J]. 山西师

大学报（社会科学版），2015，42（S2）：106－108.
[24] 刘苏，汤卫东，许兰. 基于法治的自治——后脱钩时代全国单项体育协会改革的思考[J]. 武汉体育学院学报，2019，53（8）：50－54.
[25] 孟宪欣，王希柳，葛吉生，等. 依附式发展：草根体育组织的生存策略研究[J]. 山东体育学院学报，2018，34（6）：8－14.
[26] 民政部民间组织服务中心管理服务处. 深化社会组织管理制度改革 探索建立第三方评估机制[J]. 中国社会组织，2015（10）：10－13.
[27] 潘旦，徐永祥. 国际比较视野下的慈善组织监管机制研究[J]. 华东理工大学学报（社会科学版），2015，30（1）：94－101.
[28] 潘乾，尹奎杰. 英国慈善组织监管法律制度及其借鉴[J]. 行政论坛，2014，21（1）：96－100.
[29] 彭菲，张泽君，徐诗淳，等. 脱钩条件下单项体育协会治理模式研究[J]. 成都体育学院学报，2020，46（4）：82－88.
[30] 王文化. 社会体育组织供给体育公共服务模式研究[J]. 当代体育科技，2021，11（36）：126－128.
[31] 汪流. 中国与西方发达国家体育社团若干特征的比较研究[J]. 社团管理研究，2009（8）：49－52.
[32] 汪文奇，金涛. 新时代我国体育治理中政社关系新特征：依附式合作治理[J]. 北京体育大学学报，2019，42（4）：8－17.
[33] 王春顺，向祖兵，李国泰. 社会组织承接政府购买公共体育服务的路径与策略[J]. 体育科学，2019，39（8）：87－97.
[34] 王占坤. 发达国家公共体育服务体系建设经验及对我国的启示[J]. 体育科学，2017，37（5）：32－47.

[35] 王志威. 英国非营利组织体系下的体育自治[J]. 上海体育学院学报，2013，37（2）：7－12.

[36] 郇昌店，张伟. 社会体育组织参与体育治理的效应与实现路径[J]. 西安体育学院学报，2017，34（1）：9－13.

[37] 张坚锋. 广州体育社团实体化机制创新研究[J]. 广州体育学院学报，2019，39（2）：74－76.

[38] 祝良，张伟. 社会体育组织参与公共体育服务的模式、机制及经验研究——以上海市社区体育协会为例[J]. 山东体育学院学报，2017，33（1）：6－11.

[39] 韩慧. 社会体育组织参与基层体育治理的路径研究——以上海市社区体育健身俱乐部为例[D]. 上海：上海体育学院，2017.

[40] 冯欣欣，曹继红. 资源依赖视角下我国体育社团与政府的关系及其优化路径研究[J]. 天津体育学院学报，2013，28（5）：382－386.

[41] 周雪光. 基层政府间的“共谋现象”——一个政府行为的制度逻辑[J]. 社会学研究，2008（6）：1－21.

[42] 戴红磊. 中国体育社会组织治理研究[D]. 大连：大连理工大学，2016.

[43] 崔月琴. 转型中的社会组织[M]. 北京：中国社会科学出版社，2020.